W0406506

GRAN CANARIA

Karin Pegoraro, Manfred Föger

Mit Tourenkarten zum Heraustrennen

BRUCKMANN

DIE AUTOREN
Karin Pegoraro und Manfred Föger betreiben ein Technisches Büro für Biologie und Landschaftsökologie in Innsbruck. Ein wichtiger Tätigkeitsschwerpunkt ist dabei der Reise- und Wissenschaftsjournalismus. Ihre Arbeiten veröffentlichen sie in verschiedenen Fach- und Reisemagazinen; die atlantischen Inseln zählen dabei zu ihren bevorzugten Zielen. Bei Bruckmann erschien zuletzt die zweite Auflage ihres Wanderführers Wandern & Erleben Südtirol.

DANK
Die Autoren möchten sich bei Frau Lilo Peuser und ihrem Team, Appartements Dragonal/Bellevue, für zahlreiche Tipps herzlich bedanken.

Eine Produktion des Bruckmann-Teams, München
Lektorat: Solveig Michelsen, Dr. Renate Dernedde
Herstellung: Hubert Bertele und Team
Layout und Satz: Der Buch*macher*, Arthur Lenner, München
Kartografie: Annelie Nau, München

Umschlagvorderseite: Bildagentur Huber / R. Schmid
Alle Fotos im Innenteil von den Autoren

Alle Angaben dieses Werkes wurden von den Autoren sorgfältig recherchiert und auf den aktuellen Stand gebracht sowie vom Verlag auf Stimmigkeit geprüft. Für die Richtigkeit der Angaben kann jedoch keine Haftung übernommen werden. Für Hinweise und Anregungen sind wir jederzeit dankbar. Bitte richten Sie diese an den Bruckmann Verlag, Lektorat, Postfach 80 02 40, 81602 München, E-Mail lektorat@bruckmann.de.

Gedruckt auf chlorfrei gebleichtem Papier

Die Deutsche Bibliothek – CIP Einheitsaufnahme
Ein Titeldatensatz für diese Publikation ist bei
Der Deutschen Bibliothek erhältlich.

Gesamtverzeichnis gratis:
Bruckmann Verlag GmbH, 81664 München
Internet: www.bruckmann.de

Printed in Italy by Printer Trento S.r.l.
ISBN 3-7654-3660-7

PIKTOGRAMME ERLEICHTERN DEN ÜBERBLICK:

Schwierigkeitsgrad:
- leicht
- mittel
- anspruchsvoll

- Weglänge
- Gehzeit
- Höhenunterschied
- kindgerecht

ZEICHENERKLÄRUNG ZU DEN TOURENKARTEN

A4 9	Autobahn		Aussicht
40	Hauptstraße		Einkehr/Hütte
	Landstraße		Kirche/Kloster
	Nebenstraße/Ortsstraße		Turm
	Fahrwege		Museum
	Forstweg		Therme
	Fußpfad		Denkmal
	Bahnlinie mit Bahnhof		Schloss/Burg/Ruine
A E	Tourenführung mit Anfangs- und Endpunkt		Höhle/Grotte
	Tourenvariante		prähistorische Fundstelle
	Gipfel		Strand
	Pass		Camping
	Quelle - Wasserfall		Rastplatz
P	Parkmöglichkeit		Information
H	Bushaltestelle		Bildstock
	Bahnhof		Markanter Baum
E A	Anfangs-/Endpunkt		Landschaftlicher Höhepunkt/ Sehenswert
	Richtungspfeil		Mühle
10	Touren-Nr.		Flughafen
	Seilbahn		Tunnel
	Gondelbahn		Randhinweispfeil
	Fernwanderweg	N 0 1 km	Maßstableiste (1 : 100.000)

INHALT

Ein Kontinent im Kleinen

Der Vormittag nach der nächtlichen Ankunft auf Gran Canaria: Nichts kann uns mehr davon abhalten, den Strand von Playa del Inglés zu erforschen. Über den blütengesäumten Paseo Maritimo nähern wir uns dem ersehnten Ziel. Doch wir sind in unserem Streben nicht allein – eine wahre Völkerwanderung wälzt sich am Strand dahin. Wer den Trubel nicht schätzt, wird sicher enttäuscht sein. Mehr als drei Millionen sonnenhungrige Menschen verbringen jährlich ihren Urlaub auf der Insel und machen sie zur größten Tourismusmaschinerie Europas.
Doch es geht auch anders: Wenige Tage später in Tejeda umgibt uns Stille, nur ab und zu bellt ein Hund, die Kirchenglocken läuten. Ein atemberaubendes Bergpanorama lädt zum Wandern ein. Freundliche Einheimische erklären uns mit Händen und Füßen den Weg und versuchen, uns allerlei zu erzählen. Abends wird uns im urigen Gasthaus dunkelroter Wein serviert. Und auf grün-weiß karierten Papiertischdecken verkosten wir endlich die typischen Spezialitäten des Landesinneren – nur das Zicklein verzeiht unsere fünfjährige Tochter nicht.

Romantisch – die Dünen von Maspalomas im Abendlicht

Die nächste Zeit hat noch weitere Überraschungen auf Lager. So erkunden wir fruchtbare Täler, duftende Kiefernwälder, wilde Schluchten, karge Gebirgslandschaften und wüstenhafte Canyons. Im Norden und Westen ruhen wir uns auf menschenleeren Stränden aus und genießen den Blick über das tiefblaue Meer auf die Nachbarinsel Teneriffa.

Wir stürzen uns aber auch in das pulsierende Leben der Hauptstadt mit ihrem weltoffenen Hafen, durchstöbern die Fußgängerzone nach spanischer Mode, besuchen interessante Museen und erholen uns in Straßencafés bei einem kräf-

Special

Zahlen und Fakten

Hauptstadt: Las Palmas de Gran Canaria
Lage: Gran Canaria liegt auf der Höhe von Südmarokko, 195 km vom afrikanischen Festland entfernt.
Größe: 1532 km²
Höchste Erhebung: Pico de las Nieves (1949 m)
Niederschläge: An der Küste und im Süden um 100 mm, in den Bergmassiven des Zentrums um 1000 mm jährlich.
Einwohnerzahl: Mit etwa 750 000 (davon mehr als 400 000 in Las Palmas) bevölkerungsreichste Insel der Kanaren.
Verwaltung: Die Kanarischen Inseln bilden zusammen eine autonome Region. Gran Canaria, Lanzarote und Fuerteventura sind in der Verwaltungsprovinz Las Palmas de Gran Canaria zusammengeschlossen. Die oberste Instanz Gran Canarias ist der Cabildo Insular (Parlament mit Verwaltung), gefolgt von den 21 Municipios (Gemeinden).
Wirtschaft: Der Tourismus erwirtschaftet 70 % des Bruttosozialproduktes. 79 % der Beschäftigten sind im Dienstleistungssektor (neben dem Tourismus insbesondere in der Verwaltung) tätig, der Rest fällt zu etwa gleichen Teilen auf Landwirtschaft und Industrie/Handwerk. Die Arbeitslosenrate lag 2001 bei 13 %.

Persönliche Reise-Top-Ten der Autoren

1 Las Palmas: Eine Stadt mit vielen Gesichtern – brodelnder Welthafen, idyllische Altstadt, berühmtester Stadtstrand der Alten Welt (→ **Tour 1**).
2 Dunas de Maspalomas: Selbst bei Massenansturm findet jeder seinen Dünenplatz (→ **Touren 34, 35**).
3 Puerto de Mogán: So romantisch kann ein künstlich geschaffener Tourismusort sein (→ **Tour 27**).
4 Tejeda: Wunderhübsches Dorf inmitten atemberaubender Bergwelt (→ **Tour 15**).
5 Barranco de Guayadeque: Das Zentrum der Höhlenwohnungen bildet auch einen landschaftlichen Höhepunkt (→ **Touren 28, 29**).
6 Botanischer Garten: Ein Dorado für Pflanzenliebhaber; besonders die Sukkulenten sind ein Augenschmaus (→ **Tour 2**).
7 Roque Bentayga und Roque Nublo: Beeindruckende Kultplätze im Herzen Gran Canarias (→ **Touren 13, 14, 16, 17**).
8 Teror: Von allen Inselgemeinden führen Wege in dieses Pilgerzentrum (→ **Tour 10**).
9 Barranco de Agaete: Ihre üppige Vegetation macht diese Schlucht für viele zur schönsten der Insel (→ **Touren 5, 6**).
10 Pinar de Tamadaba: In diesem ursprünglichen Kiefernwald lebt noch der seltene Teidefink (→ **Touren 5, 7**).

tigen »cortado«. Bereits unmittelbar vor den Toren der Stadt holt uns die Natur wieder ein: Im Botanischen Garten schwelgen wir in einem Blütenmeer und steigen bei Bandama in den jüngsten Vulkankrater der Insel hinab.

Wilde Felsabgründe im Westen Gran Canarias

Diese Vielfalt erschließt sich nur demjenigen, der sich voller Neugier hinaus begibt aus dem extrem erschlossenen Süden, wo die meisten Urlauber wohnen. Doch auch die überlaufene Costa Canaria hat ihre auf den ersten Blick verborgenen, schönen Seiten. So bieten die Dünen von Maspalomas, eine Wüstenlandschaft aus Meeressand, im Abendlicht einen bezaubernden Anblick. Und spätestens hier sehen wir ein, dass wir uns wirklich auf einem kleinen Kontinent befinden.

Aus dem Feuer geboren

Wer mit offenen Augen durch die Landschaft wandert, wird bald erkennen – Gran Canaria ist vulkani-

Im Zentrum prähistorischer Vulkane

schen Ursprungs. Ausbrüche eines Vulkans unter Wasser ließen vor knapp 14 Mio. Jahren die ältesten Gesteine der Insel entstehen. 5 Mio. Jahre hindurch spie ein Krater von etwa 15 km Durchmesser beständig glühende Lava aus. Vor 5,3 Mio. Jahren folgte der Roque Nublo-Zyklus, eine zweite Phase heftiger Eruptionen. Viele kleine Krater öffneten ihren feurigen Schlund. Ungefähr 2 Mio. Jahre später kehrte Ruhe ein, die Verwitterung begann ihre Arbeit und gab weiten Teilern der Landschaft ihr heutiges Gesicht. In der Periode der Eiszeiten ging es ein letztes Mal heiß her: Die Regionen um Sta. Brígida und südlich von Moya wurden bis vor 3000 Jahren von neuerlichen Ausbrüchen heimgesucht. Diese jüngsten Krater sind bis heute gut erhalten und bieten daher interessante Einblicke in die Erdgeschichte (→ **Touren 3, 11**).

Special

Fortunatae Insulae ...

... glückliche Inseln – so nannten die Römer, allen voran Plinius der Ältere (1. Jh. n. Chr.), die Kanaren: Ein Ort, wo den Menschen alles zu ihrem Überleben Notwendige geschenkt wurde, wo man nicht zu arbeiten brauchte und das Klima mehrere Ernten pro Jahr ermöglichte. Der Historiker und Naturkundler greift damit aber bereits auf die weit ältere Vorstellung der Griechen zurück, die von den »Makaron nesoi«, den Inseln der Glückseligen erzählen. Homer (9. Jh. v. Chr.) schilderte in seiner Odyssee einen Ort, wo der Baum des Lebens gedeiht, von dem Herakles die goldenen Äpfel stehlen soll. Diese Hesperidengärten werden von Nymphen bewacht, den Töchtern des Abendsterns – wieder ein Hinweis auf die Kanarischen Inseln.

Canario, Drago und Cardón

Die Tierwelt auf Gran Canaria ist nicht sehr artenreich. Nur wenige Landtiere haben den Weg auf die Insel gefunden. Und zur allge-

Tipp

Entsprechend den Besonderheiten Gran Canarias gilt es, beim **Wandern** einige Dinge zu beachten. Anders als in Mitteleuropa sind die wenigsten Wanderrouten wirklich deutlich markiert. Sehr häufig flankieren Steinmännchen den Weg oder zeigen wichtige Kreuzungen und Einstiegspunkte an. Zusätzlich erschwert wird die Orientierung dadurch, dass man sich auf das verfügbare Kartenmaterial keineswegs verlassen kann (→ **Kartenmaterial**). Nicht unterschätzen darf man die durch die südliche Lage der Insel bedingte hohe Sonneneinstrahlung. Sonnenschutz und ausreichend Trinkvorrat sind also unbedingt notwendig. Andererseits wird es in den Bergen mitunter schnell kalt und windig; eine Jacke gehört deshalb ebenfalls ins Gepäck. Im Winter kann es auch sehr stark regnen (Steinschlag- und Rutschgefahr) bzw. Nebel schnell einfallen (Verirrungs- oder Absturzgefahr). Bei Sommertrockenheit muss man hingegen sehr vorsichtig mit offenem Feuer umgehen. Ansonsten gelten natürlich – insbesondere bei Bergtouren – dieselben Ausrüstungs- und Sicherheitstipps wie daheim.

meinen Beruhigung – giftige sind nicht dabei! Von den Säugetieren waren ursprünglich nur drei Fledermausarten und eine Spitzmaus hier vertreten. Erst die menschlichen Siedler brachten ihre Haustiere mit. Dem Urlauber fallen insbesondere große Ziegen- und Schafherden sowie die allgegenwärtigen Haushunde auf. Das touristisch wichtige Dromedar wird kaum mehr als Lasttier benutzt, und auch der Esel hat diese Funktion weitgehend verloren. Mit den Menschen kamen allerdings auch verschiedene Tiere auf die Insel, die heute frei leben. Dazu zählen etwa Maus, Wanderratte, Kaninchen und Igel.
Etwas vielfältiger gestaltet sich die ursprüngliche Vogelwelt. Einige Vertreter wie Schmutzgeier, Roter Milan und Rennvogel sind allerdings nur mehr Legende. Das Symbol der Inseln, den Kanarienvogel (canario), der eigentlich Kanarengirlitz heißt, trifft man überall an. Allerdings darf man sich darunter nicht die knallgelbe Haustiervariante vorstellen. Die Wildform ist unscheinbar grau und grün-gelb gemustert. Die größten heute noch vorkommenden Vögel sind Fischadler, Mäusebussard und Wüstenfalke. Der häufigste Greifvogel ist der kleine, rotbraune Turmfalke. Das reichste gefiederte Leben findet man in den naturnahen Kiefernwäldern am Tamadaba und Inagua. Hier treffen wir auf Arten, die uns auch aus Mitteleuropa bekannt sind; die einzige kanarische Besonderheit bildet der Teidefink.

Auf dem Rücken eines Esels lässt sich die Insel erkunden.

Alle drei hier ansässigen Reptilienarten kommen nur auf Gran Canaria vor. Die Rieseneidechse kann bis zu 70 cm lang werden. Daneben gibt es noch den fast beinlosen Skink und einen Gecko, der sich manchmal in Häuser verirrt und als Glücksbringer gilt. Zwei Lurcharten bevölkern die Süßwasserlebensräume der Insel. Unklar ist jedoch, ob Mittelmeerlaubfrosch und Iberischer Wasserfrosch bereits vor den Menschen hier waren. Natürliche Vorkommen von Süßwasserfischen fehlen vollständig. Von den zahlreichen Kleinlebewesen sind über 200 Arten endemisch, leben also nur auf Gran Canaria.

Im Gegensatz zum Land präsentiert sich das Meeresleben als außerordentlich großes Spektrum. Spektakulär sind die Wale und Delfine: Über zwanzig Arten tauchen zumindest hin und wieder um die Kanarischen Inseln auf. Sämtliche Fische des mittleren Atlantiks sind hier vertreten und machen das Schnorcheln und Tauchen zu einem faszinierenden Erlebnis.

Die reiche **Flora** beinhaltet kanarische, nordafrikanische und mediterrane Elemente. Über 100 Arten sind in ihrer Verbreitung auf Gran Canaria beschränkt. Die ursprüngliche Vegetation zeigt einen strengen Aufbau in Höhen- bzw. Klimastufen. An der Küste können nur Pflanzen überleben, die die Trockenheit und den hohen Salzgehalt des Bodens aushalten. Ein prominenter Vertreter ist die Kanarische Dattelpalme, die früher dichte Haine bildete;

Tipp

Kinder und Erwachsene, die keine Lust haben nass zu werden, können einen kleinen Teil der Unterwasserwelt ganz anders erleben. In Puerto de Mogán startet mehrmals täglich ein gelbes Unterseeboot zu einer 40-minütigen Fahrt zum Grund des Meeres (Tel. 928/56 51 08) – allerdings kein ganz billiges Vergnügen.

ein letzter Rest findet sich in der Oasis de Maspalomas. Landeinwärts schließt sich ein wüstenhafter, karger Gürtel an. Typischer Vertreter ist der »cardón«, die Kanarenwolfsmilch, die an einen verzweigten Kaktus denken lässt. Im Norden folgt auf diese Stufe die Monte Verde-Zone; sie zeichnete sich einst durch einen sehr artenreichen Lorbeerwald aus, von dem heute leider nur mehr knapp 1 % erhalten ist. Im Süden hingegen geht die Trockenzone direkt in den duftenden Kiefernwald über, der teilweise durch Abholzung und Überweidung zerstört wurde.

Die Braune Leuchterblume

Der früher weit verbreitete Drachenbaum (drago) beschränkt sich heute auf alte Innenhöfe und Gärten. Hier gedeihen auch zahlreiche Zierpflanzen aus aller Welt, so etwa der leuchtend rote Hibiskus, die in den herrlichsten Farbschattierungen blühende Bougainvillea, der bekannte Weihnachtsstern oder die mit den Bananen verwandte Strelitzie. In den tieferen Lagen wandern wir natürlich auch an verschiedensten landwirtschaftlichen Flächen vorbei. Einst war das Zuckerrohr eine wichtige Einnahmequelle, später folgte die Ausfuhr von Bananen, die heute besonders im Norden kultiviert werden. Die Opuntie, eine Kakteenart aus Mittelamerika, ist die Wirtspflanze der Cochenille-Laus, deren roter Farbstoff in vielen Bereichen wieder sehr gefragt ist. Besonders im Osten stechen die riesigen Tomatenplantagen mit ihren grauen Folienabdeckungen ins Auge. In der mittleren Höhenstufe treffen wir häufig auf Gärten mit Zitrusfrüchten, deren Blüten fast ganzjährig einen betörenden Duft verströmen. Ganz oben schließlich gedeihen die Mandeln, aus denen die köstlichsten Leckereien zubereitet werden.

Umwelt- und Naturschutz

1590 berichtete der italienische Festungsbaumeister und Chronist Leonardo Torriani von einer »... Unzahl ausgezeichneter Quellen, welche die Zahl von 5000 erreichen ...«. Dieser Wasserreichtum führte zu einer derartigen Üppigkeit, wie man sie sich heute kaum mehr vorstellen kann. Nur wenige entlegene Schluchten zeigen einen Hauch der ursprünglichen Fülle (→ **Touren 5, 6, 12**). Bereits die frühen spanischen Eroberer begannen die Wälder zu roden, um ihre Schiffe vor und nach den Entdeckungsreisen nach Südamerika instand zu setzen. Später waren es die Zuckerrohrfelder, die Platz benötigten; das Holz wurde dann auch gleich in den Zuckermühlen verheizt. Mit dem Verschwinden der Wälder versiegten auch die ganzjährig sprudelnden Quellen und Flussläufe. Das Wasserproblem existiert heute noch; Landwirtschaft und Tourismus tragen ausgiebig dazu bei. Erst 1990 kam es zu einer deutlichen Verbesserung, als das erste kanarische Wassergesetz verabschiedet wurde. Ein wichtiger Kernpunkt dabei sind Kläranlagen, die mittlerweile einen Großteil des Brauchwassers der Städte und Touristenorte reinigen, so dass es nochmals zur Bewässerung verwendet werden kann.

Die Forstbehörde

Auch der Naturschutz machte in den letzten Jahren deutliche Fortschritte. Über 40 % der Inselfläche sind als geschützte Landschaften oder Naturschutzgebiete ausgewiesen. Das ausgedehnteste dieser Reservate, der Parque Rural El Nublo, wird seit 1996 sukzessive in einen Nationalpark umgewandelt – mit 260 km² einer der größten Spaniens!

Ungelöst ist dagegen bis heute die Müllproblematik, die vor allem der Tourismus mit sich bringt. Zwar wurden wilde Deponien in den Bergen beseitigt, doch ein Gesamtkonzept der Entsorgung steht noch aus. Jeder Gast kann durch bewusstes Verhalten zur Reduktion der Abfallberge beitragen.

Von den Guanchen zur Gegenwart

Wahrscheinlich erreichten erste Cromagnon-Menschen aus Nordafrika zwischen 3000 und 2000 v. Chr. die Kanarischen Inseln. Um einiges später wanderten Berberstämme aus dem heutigen Marokko ein. Auch wenn der Ablauf der Besiedelung Gran Canarias noch ziemlich in Dunkeln liegt, wissen wir verhältnismäßig viel über das Schicksal der Altkanarier. Archäologische Funde bestätigen die Existenz einer der größten Ansiedelungen der Guanchen im Barranco de Arguineguín, einem Ort von besonderer politischer und strategischer Bedeutung: Hier soll der erste Guanarteme (Stammesoberhaupt) der Insel gelebt haben. Eine 1341 von Alfons IV. von Portugal ausgesandte Expedition traf in diesem Gebiet auf ein großes Dorf mit mehr als 400 Steinhäusern. Der Normanne Jean de Béthencourt, der 1402 Lanzarote unterworfen hatte und mit Hilfe des spanischen Königs später auch Fuerteventura, Hierro und Gomera eroberte, scheiterte hier am Widerstand der Altkanarier. In einer dieser Schlachten fiel Artemy, Sohn des Häuptlings Gumidafe, am Strand von Arguineguín im Alter von 20 bis 25 Jahren. Als tapferer und edler Krieger wurde er besonders sorgfältig mumifiziert und gibt daher heute noch vieles aus seinem Leben preis.

Special

Königswege

Bereits in altkanarischer Zeit durchzog ein ausgeklügeltes Wegenetz die gesamte Insel von der Bergregion bis zur Küste. Nach der Eroberung durch die Spanier wurden diese Pfade durch Seitenmauern gesichert und mit unbehauenen Steinen kunstvoll gepflastert. Den Namen **Caminos Reales** oder **Königswege** erhielten sie, weil die finanziellen Mittel für den Ausbau direkt von der Krone zur Verfügung gestellt wurden. Im Zuge des Straßenbaus gerieten sie seit den 60er Jahren des 20. Jhs. in Vergessenheit. Mit dem aufstrebenden Turismo Rural besann man sich wieder der alten Wege und begann sie liebevoll zu restaurieren. Heute führen sie uns zu den schönsten Winkeln Gran Canarias und bescheren uns einige der eindrucksvollsten Wanderungen (z. B. → **Touren 5, 9, 16, 21, 22**).

Die Spanier ließen jedoch nicht locker, landeten 1478 erneut auf Gran Canaria und gründeten Las Palmas – zunächst nur als Militärlager. Zur endgültigen Kapitulation kam es nach der großen Entscheidungsschlacht bei Arucas und dem Freitod der letzten Aufständischen im April 1483. Damit war auch das Ende der Guanchen besiegelt; sie unterwarfen sich bedingungslos und waren innerhalb kürzester Zeit vollkommen hispanisiert. So wurden z. B. die letzten Prinzessinnen mit spanischen Edelmännern verheiratet.

In der Folge war Gran Canaria ein wichtiger Stützpunkt für die Entdeckungsreisen nach Mittel- und Südamerika, auch Christoph Columbus hielt sich mehrmals hier auf. Um 1500 erlebte die Insel einen ersten wirtschaftlichen Höhepunkt; der Anbau von Zuckerrohr brachte bis Mitte des 16. Jh. enorme Gewinne. Es folgten Piratenüberfälle, Armut und zahlreiche Missernten. Zu einem erneuten Aufschwung kam es erst im 19. Jh., als die Farbstoffgewinnung aus der Cochenille-Laus lukrativ wurde. Außerdem erhielten die Kanaren 1852 den Status einer Freihandelszone – davon profitieren die Urlauber noch heute! Wichtige politische Ereignisse des 20. Jh. waren das Zugeständnis der Selbstverwaltung (1912) und der Militärputsch General Francos (1936), damals Befehlshaber der Inseln, gegen die republikanische Regierung Spaniens.

Altkanarisches Götzenbild

Mit der Landung des ersten deutschen Charterflugzeugs begann 1956 das Zeitalter des Tourismus. Der wichtigste Wirtschaftszweig beschäftigt heute fast 75 % der Bevölkerung. Mit knapp 30 % machen die Deutschen den Hauptanteil der ausländischen Gäste aus, gefolgt von Skandinaviern (24 %) und Briten (22 %).

Special

Die **Lucha Canaria**, der kanarische Volkssport, ist ein – in keiner Phase gewalttätiger – Ringkampf. Gekämpft wird Mann gegen Mann, heute treten manchmal auch Frauen gegeneinander an. Nach dem festgesetzten Eingangsritual ertönt ein Glockensignal und es geht los. Durch Drücken, Schieben und Reißen soll der Kontrahent das Gleichgewicht verlieren. Das höchstens zweiminütige Aufeinandertreffen hat jener verloren, der mit einem anderen Körperteil als den Fußsohlen den Boden des Ringes berührt. Maximal drei Runden werden ausgetragen; Sieger ist, wer zweimal seinen Gegner zu Boden gezwungen hat. Er kann anschließend gegen einen neuen Kämpfer antreten. Nach einem besonders guten Match gibt es nicht nur frenetischen Applaus; die Zuschauer werfen dem Luchador sogar Münzen zu. Wesentlich ist allerdings das Ergebnis der gesamten Mannschaft, die aus zwölf Ringern besteht. Während der Saison kämpft jeden Freitagabend eine Profiliga um Punkte, die von zahlreichen Fans gespannt im Stadion oder zumindest am Fernsehschirm verfolgt wird.

Das Leben der Guanchen

Zur Zeit der ersten Berichte aus dem 14. Jh. lebten die Ureinwohner in Steinhäusern, die dicht aneinander gebaut waren und teilweise richtige Städte bildeten. Besonders die Adeligen jedoch lebten in Höhlen, die mit einfachen Werkzeugen aus Knochen oder Stein in den weichen Fels gehauen wurden. Darin war es im Sommer kühler und im Winter deutlich wärmer als in den frei stehenden Bauten. Einige dieser Höhlenhäuser sind bis heute bewohnt (→**Touren 6, 9, 29**). Eine strenge soziale Ordnung regelte das Leben der Altkanarier. Neben dem Häuptling stand der ebenfalls gewählte Faycan, ein Priester und Richter, der auch weiblichen Geschlechts sein konnte. So spielten Frauen generell eine wichtige Rolle in der Gesellschaft – ob als Medizinerinnen, heilige Jungfrauen oder sogar als Stammesoberhaupt. Die Herstellung der Kleidung war recht fortschrittlich: Neben Stücken aus Ziegenleder wurden Stoffe aus Binsen hergestellt, die mit reichlich groben Ahlen erstaunlich fein verarbeitet wurden. Auch in weiteren Bereichen, so etwa der Keramik, verfügten die Ureinwohner Gran Canarias im Vergleich zu jenen der Nachbarinseln über ein hohes handwerkliches Geschick. In der Rechtsordnung galt »Aug um Aug, Zahn um Zahn«, zwölf Ratsmänner und -frauen fällten das Urteil. Die sorgfältige Mumifizierung der Toten spricht für einen ausgeprägten Jenseitsglauben. Anders als im alten Ägypten aber wurden ihnen niemals die Gehirne und nur selten die Eingeweide entnommen. In mehrere Lagen aus Stoff und Leder gehüllt, wurde der konservierte Leichnam auf einer Holzbahre in einer Höhle bestattet. Daneben war aber auch die bei den Berbervölkern praktizierte Tumulusbestattung üblich, bei der der Tote in einen Sarg aus Steinplatten gelegt wurde. Darüber schichtete man einen kegelförmigen Steinturm. Die größte derartige Begräbnisstätte bei Gáldar besteht aus 42 aneinander gelehnten Türmen.

Traditioneller Backofen im Museum Veneguera

Mumifizierung – wichtiger Teil des altkanarischen Bestattungsrituals

Kulinarische Besonderheiten

Die kanarische Küche ist reichhaltiger als viele Leute erwarten. Die Inseln waren über längere Zeit recht arm, und daher kamen fast ausschließlich heimische Produkte auf den Tisch. Das Grundnahrungsmittel der Ureinwohner war der **Gofio**, der diese Stellung bis in die 60er Jahre des 20. Jhs. behielt. Danach galt er als »Armeleuteessen« und wurde als unmodern abgetan. Heute ist er als gesundes Nahrungsmittel wieder en vogue. Gofio gewinnt man aus verschiedenen Getreidesorten und Hülsenfrüchten, die geröstet und anschließend gemahlen werden. Er wird auf unterschiedlichste Weise zubereitet, z. B. in warmer Milch als flüssiger Brei oder Getränk – süß oder salzig; als »Ralera« mit Wein oder Kräutertee; in Suppen oder Eintöpfen, zu Bällchen geknetet und sogar zu Speiseeis verarbeitet.

Eine weitere Spezialität sind die »**Papas arrugadas**« oder Kanarischen Runzelkartoffeln. Sie werden in Wasser mit grobem Meersalz gekocht. Ihre runzelige Schale erhalten sie, wenn man sie noch kurze Zeit ohne Flüssigkeit auf der Flamme lässt. Dazu wird »**Mojo**« gereicht. Je nach Zutaten schmeckt

Tipp

Leckermäulchen können sich daheim mit **Bienmesabe** in den Urlaub auf Gran Canaria zurückversetzen.

Zutaten:
250 g blanchierte Mandeln
375 g Zucker
1/4 l Wasser
4 Eidotter
etwas gemahlener Zimt
1/2 Zitrone, in dünne Scheiben geschnitten

Zubereitung:
Die geschälten Mandeln ohne Fett anrösten und anschließend reiben. Zucker und Wasser erhitzen, bis sich ein Sirup bildet. Mandeln, Zitronenscheiben und Zimt zufügen. Auf kleiner Flamme unter ständigem Rühren eindicken. Etwas auskühlen lassen und die verquirlten Dotter zufügen. Auf kleiner Flamme nochmals erwärmen bis sich ein zäher Brei bildet. Vor dem Servieren (mit Eis, Pudding oder Fruchtsalat) kühl stellen. Guten Appetit!

diese typisch kanarische Soße ganz unterschiedlich. Die beiden bekanntesten Formen sind der grüne Mojo mit frischem Koriander und der schärfere rote, der mit gehackten Chilischoten gewürzt wird. Wichtige Bestandteile der bäuerlichen Küche bilden Suppen und Eintöpfe: Der Lieblingseintopf der Kanarier ist derzeit der Kressetopf. Gerne wird auch der »Puchero« gegessen, ein Gemüseeintopf mit Schweinefleisch, das auf den Kanaren »Cochino« genannt wird. Weitere Fleischspezialitäten sind Kaninchen und Zicklein, in den Küstenorten werden Fische und Meeresfrüchte bevorzugt. Die bekannteste Süßspeise ist **Bienmesabe** (»Schmecktmirgut«), eine zähe Flüssigkeit, die vor allem aus Mandeln und Zucker besteht. Relativ groß ist die Auswahl an schmackhaftem Käse, der meist aus zwei oder drei Milchsorten (Schaf, Ziege, Kuh) besteht. Eine köstliche Besonderheit ist der »**Queso de flor**«, der Blumenkäse aus Guía und Gáldar, dem vor der Reifung Artischockenblüten zugesetzt werden.

Miesmuscheln – eine Köstlichkeit aus dem Meer

Wein wird auf Gran Canaria nur kleinflächig angebaut, das Zentrum der Produktion ist die Umgebung von Tafira und Sta. Brígida im Nordosten. Die jungen Vulkanböden dieser Region lassen vor allem kräftige Rotweine gedeihen; der beste Rebensaft wird aus der Malvasiertraube gekeltert. Unbedingt kosten sollten Sie den **Ronmiel**, einen inseltypischen Likör aus Rum und Honig. Daneben gibt es auch andere lokale »hochgeistige« Spezialitäten, wie etwa die Fruchtbrände und Liköre aus der Gegend von Santa Lucía de Tirajana.

Kalorienbewusste greifen gerne zu den ausgezeichneten kanarischen Mineralwässern; am bekanntesten ist Firgas aus dem gleichnamigen Ort im Norden der Insel. Fast überall werden köstliche, frisch gepresste Fruchtsäfte angeboten, allen voran aus

Orangen, aber auch aus exotischen Früchten wie Mangos und Papayas. Einige Lokale bieten einen hervorragenden Kaffee an. Einheimische bevorzugen den »**cortado**«, einen kleinen starken Kaffee mit einem Schuss Milch.

Die Restaurants in den Touristenzentren und in der Hauptstadt servieren neben internationaler Küche vorwiegend spanische Gerichte. Während man in Las Palmas in den typischen Appetithappen (»**Tapas**«) schwelgen kann, ist an der Costa Canaria die **Paella**, eine Reispfanne mit Huhn und Meeresfrüchten, allgegenwärtig. Und natürlich darf auch die **Sangría** (Rotwein mit verschiedensten Früchten) nicht fehlen.

Fischer mit reicher Dornhai-Ausbeute

Glossar geografischer Begriffe und Ortsbezeichnungen

Bei der Durchsicht von Kartenmaterial und auf den Wanderungen selbst stößt man immer wieder auf spanische bzw. kanarische Namen und Ortsbezeichnungen, deren Kenntnis die Orientierung wesentlich erleichtert. Hier eine Zusammenstellung der wichtigsten Begriffe:

andén: Steilwand, Weg an einer Steilwand
barranco: Schlucht
barranquillo: kleinere Seitenschlucht
caldera: Talkessel, Vulkankrater
calle: Straße
camino: Weg
camino real: Königsweg
campamento: Campingzone
cañada: Engpass
carretera: Landstraße
casa: Haus
casa forestal: Forsthaus
coto de caza: Jagdrevier
cruce: Kreuzung
cruz: (Weg-)Kreuz
cueva: Höhle
cumbre: Berggipfel; auf Gran Canaria das zentrale Gebirgsmassiv
degollada: Pass, Einsattelung
descansadero, zona recreativa: Rast-, Ruheplatz
embalse: Stausee
estación de guaguas: Busbahnhof
finca, granja: Bauernhof
fuente: Quelle
guagua: Bus
hoya: von Bergen umgrenzte Ebene; nicht verwechseln mit haya (=Buche)
huerto: Garten
iglesia: Kirche
llano: Ebene
lomo: Bergrücken
mesa: Hochebene (wörtlich: Tisch)
mirador: Aussichtspunkt
molino: Mühle
molino de viento: Windmühle
montaña: Berg, Gebirge
morro: Felskuppe
parada: Haltestelle
parador: staatliches Hotel
paso: Durchgang
pico, cima: Gipfel
pinar: Kiefernwald
pista forestal: Forstpiste
playa: Strand
pozo: Brunnen
presa: Staudamm
puente: Brücke
roque: Fels
sendero: Pfad
valle: Tal

1 Stadtrundgang in Las Palmas

Das pulsierende Rio Europas: Parque San Telmo – Vegueta – Santa Catalina – Playa de las Canteras

Schwierigkeit	leicht
Strecke	8 km
Gehzeit	2 Std.
Höhenunterschied	↑90 m ↓90 m
Kinder geeignet	ja

Tourencharakter: Einfacher Stadtspaziergang mit Bademöglichkeit.
Beste Jahreszeit: Ganzjährig.
Ausgangspunkt: Busstation am Parque San Telmo.
Endpunkt: Playa de las Canteras
Wanderkarten: Stadtplan 1:23 000 in der Kompass-Wanderkarte 237 Gran Canaria. Detailplan der Zona Vegueta und Triana gratis an den Infoständen.
Markierung: Straßenschilder und Wegweiser zu Sehenswürdigkeiten.
Verkehrsanbindung: Die Hauptstadt ist mit allen Orten der Insel durch Buslinien verbunden, die ihren Knotenpunkt im Untergeschoss der Stadtautobahn am Parque San Telmo haben. Innerhalb von Las Palmas verkehren gelbe Stadtbusse. Für Pkws gibt es wenig Parkplätze, am ehesten in Tiefgaragen.
Einkehr: Verschiedenste Restaurants, Cafés und Bars in fast allen Stadtteilen.
Unterkunft: Las Palmas bietet Unterkunftsmöglichkeiten aller Art.
Tourist-Info: Patronato de Turismo, León y Castillo 17, 35003 Las Palmas (Tel. 928/21 96 00). Kleine Infostände an wichtigen Plätzen, z. B. im Parque San Telmo, an der Plaza de las Ranas und am Parque Sta. Catalina.

Seit dem 16. Jh. wird Las Palmas als Tor nach Südamerika beschrieben. Und noch heute liegt das Flair eines großartigen Hafens – etwas verstaubt zwar – über der Stadt.

Der Wegverlauf

Wir beginnen unseren Stadtrundgang im **Parque San Telmo**, an dessen Südecke die Kapelle Ermita de San Telmo und ein kleiner Pavillon der Tourismusinformation liegen. Hier wird man freundlich beraten und mit Stadtplan und -führer (geringe Schutzgebühr) eingedeckt. Direkt gegenüber beginnt die Fußgängerzone mit der gefliesten **Calle Mayor de Triana**, bekannt für ihre wunderschönen Jugendstilbauten und zahlreichen Geschäfte. Am Ende der Straße treffen wir auf die Carretera del Centro.

Prächtiges Portal der Casa de Colón

Nachdem wir diese Stadtautobahn überquert haben, betreten wir das koloniale Herz von Las Palmas, das 1990 von der UNESCO zum »Kulturellen Erbe der Menschheit« erklärt wurde. Durch die Calle Armas kommen wir zur **Ermita San Antonio Abad**; hier wurde die Stadt in Form eines Militärlagers gegründet. Die benachbarte Galerie ist ein Zentrum der Avantgarde (Plaza de San Antonio Abad, Tel. 928/31 58 68). Durch die Calle

1

Colón nähern wir uns einem ausgesprochen netten Museum, der **Casa de Colón** (Calle Colón 1, Tel. 928/31 12 25). Bei freiem Eintritt erwartet den Besucher ein interessanter historischer Abriss der Beziehung zwischen Gran Canaria und der Neuen Welt.
Nur wenige Schritte trennen uns von der **Plaza de Santa Ana**, wo die nächsten Sehenswürdigkeiten auf uns warten. Die Ostseite wird von der mächtigen klassizistischen Front der **Catedral de Santa Ana** beherrscht. Nicht versäumen sollten Sie die Fahrt mit dem Lift in den Südturm, von dem man eine atemberaubende

1

Aussicht genießt. Viele Gegenstände aus der Kathedrale sind heute im angeschlossenen **Museum für Sakrale Kunst** aufbewahrt (Calle Espíritu Santo 20, Tel. 928/31 36 00). Gegenüber der Kirche finden wir das alte Rathaus (**Casa Consistorial**) aus dem 19. Jh. Der daneben liegende, gut erhaltene alte Gerichtshof (**Casa Regental**), eines der wenigen Renaissancehäuser der Stadt, dient heute immer noch als Sitz des Obersten Gerichtshofs der Autonomen Region Canarias.

Über die Calle Reloj und Doctor Chil erreichen wir das **Museo Canario** (Calle Doctor Verneau 2, Tel. 928/31 56 00), das die umfangreichste Sammlung aus der vorspanischen Epoche besitzt. Hier können wir auch das berühmte Idol von Tara bewundern, eine weibliche Tonfigur aus der Guanchenzeit, die überall auf der Insel abgebildet ist.

Tipp

Für diejenigen, denen der Stadtspaziergang zu anstrengend ist, bietet der Touristenbus **Guagua Turistica** eine nette Alternative. Der oben offene Doppeldecker fährt vom Parque Santa Catalina zu allen wichtigen Sehenswürdigkeiten. Der Fahrschein gilt einen vollen Tag. Sie können also die Fahrt unterbrechen so oft sie möchten. Abfahrt vormittags alle 30 Min., nachmittags stündlich.

Über die Plaza de Santa Ana und die Calle Obispo Codina kommen wir zur **Plaza de las Ranas** mit dem Froschbrunnen und dem Kulturzentrum Biblioteca Insular. Die Calle Muro führt uns zur **Plaza Cairasco**, einem beliebten Treffpunkt; mehrere Straßencafés laden zu einer kurzen Rast ein. Das **Gabinete Literario** (Literaturhaus), ein schöner Jugendstilbau, spielt eine wichtige Rolle im kulturellen Leben der Stadt. Anschließend links treffen wir auf die **Plaza Alameda de Colón** mit einer Büste von Kolumbus und der Kirche San Francisco de Asís.

Bei nächster Gelegenheit gehen wir eine der schmalen Gassen rechts hinunter und gelangen wieder zur Calle Mayor de Triana, die uns zurück zum **Parque San Telmo** bringt. Hier trinken wir unseren Kaffee in dem wohl bekanntesten Lokal, dem modernistischen Kiosk von Rafael Masanet Faus. Gegenüber steht die Kaserne, von der aus General Franco 1936 seinen Staatsstreich gegen die Republik ausführte.

Vom Park spazieren wir auf der Calle Mayor de Triana – nun leider nicht mehr Fußgängerzone – Richtung Nordwesten und weiter auf der Calle León y Castillo bis zum **Parque Doramas**. Auf seiner linken Seite wurde ein Dorf, das **Pueblo Canario**, in altkanarischem Stil nachgebaut. Hier ist auch das **Museo Néstor** un-

1

Buntes Stadtviertel von Las Palmas

tergebracht, das die Werke des berühmtesten Malers Gran Canarias beherbergt (Parque Doramas, Tel. 928/24 51 35). Ein kurzer Abstecher über einen steilen Treppenweg führt hinauf zum Paseo de Chil und weiter zum beliebten **Aussichtspunkt Alta Vista**. Zurück am Parque Doramas wenden wir uns nach links in die Calle Pio XII. und durchqueren die Ciudad Jardín, die eleganteste Wohngegend von Las Palmas. Weiter geht es durch die Calle Galicia, in der wir an der Ecke zur Calle Barcelona auf den **Mercado Central** stoßen. Die Calle Barcelona bringt uns hinaus zum **Yachthafen**, der wichtigsten Station der Transatlantiksegler vor der Überquerung des Ozeans. Die Avenida Marítima entlang gelangen wir ins Viertel **Santa Catalina**, dessen grünes Herz der gleichnamige Park darstellt. Im **Museo Elder de la Ciencia y la Tecnología** erfährt der Besucher auf interaktive Weise viel Wissenswertes aus Technik und Naturwissenschaft (Edificio Elder, Tel. 928/47 20 47, www.museoelder.org). Zurück an der Avenida Marítima spazieren wir in einem weiten Bogen um die Nordwestecke des Hafens Puerto de la Luz zum **Castillo de la Luz**, der ältesten Festung der Stadt. Es dient heute als Kultur- und Ausstellungszentrum, war allerdings 2001 wegen Renovierungsarbeiten geschlossen. Hinter dem Kastell folgen wir der Calle de Juan Rejón nach links zur **Playa de las Canteras**. Der berühmte Stadtstrand sorgt für unterschiedlichste Annehmlichkeiten – ein abschließendes Bad, erfrischende Getränke oder eine stärkende Mahlzeit. Wer dazu Lust hat, kann aber auch die quirlige Promenade bis zum weithin sichtbaren Kongress- und Musikzentrum **Auditorio Alfredo Kraus** am Südwestende des Strandes entlang spazieren.

2 Im Botanischen Garten Viera y Clavijo

Gemütlicher Spaziergang durch ein Pflanzenparadies: Entrada Alta – Plaza Matías Vega – Entrada Alta

	leicht
	3 km
	1 Std.
	↑90 m ↓90 m
	ja

Tourencharakter: Einfacher Spaziergang auf befestigten Wegen. Auf steilen Treppen bei Nässe Rutschgefahr.
Beste Jahreszeit: November–April (Hauptblütezeit der Kanarenflora).
Ausgangs-/Endpunkt: Oberer Eingang zum Garten in Tafira Alta.
Wanderkarte: Keine. Übersichtsplan am Eingang.
Markierung: Wegweiser zu allen wichtigen Punkten.
Verkehrsanbindung: Die Buslinie 58 verkehrt vom Parque San Telmo nach Tafira. Sagen Sie dem Fahrer, dass Sie am »Jardín Canario« aussteigen möchten, damit er dort auch hält. Mit dem Pkw verlässt man Las Palmas über die GC 811 in Richtung Tafira, gleich nach der Universität zweigt rechts eine schmale Zufahrt (leicht zu übersehen!) zum Garten ab; ausreichend Parkmöglichkeiten.
Einkehr: Restaurant am oberen Eingang, Einkehrmöglichkeiten aller Art in der Stadt.
Unterkunft: Las Palmas bietet Unterkunftsmöglichkeiten aller Art.
Tourist-Info: Patronato de Turismo, León y Castillo 17, 35003 Las Palmas, Tel. 928/21 96 00.

Unweit der Hauptstadt befindet sich ein wahres Naturparadies. Der Botanische Garten Viera y Clavijo, auch als Jardín Canario bekannt, gehört ohne Zweifel zu den größten und schönsten Anlagen seiner Art. Mehr als 2000 Pflanzenarten haben hier eine Heimat gefunden. Der Park lässt sich am besten im Rahmen einer gemütlichen Rundwanderung erkunden.

Der Teich El Charco

Der Wegverlauf

Wir beginnen unsere Runde am oberen Eingang des Gartens in Tafira Alta. Ein schmaler Weg leitet in wenigen Metern hinunter zur **Plaza Viera y Clavijo**, benannt nach einem berühmten kanarischen Naturforscher aus dem 18. Jh. Hier stoßen wir auch auf einen Übersichtsplan des Gartens. Wenige Schritte nach links bringen uns zum Aussichtspunkt **El Mirador**; der gesamte Garten liegt nun zu unseren Füßen.

Vom Aussichtspunkt gehen wir zunächst ein Stück nach rechts und beginnen dann links unseren Abstieg

über den Steilhang. Erstes Ziel sind die **Drago Gemelos**, ein Zwillingspaar uralter Drachenbäume. Hier wenden wir uns nach rechts und traversieren den Hang, etwa auf gleicher Höhe bleibend. Vorbei am Wasserfall **Cascada de Sventenius** kommen wir zur nächsten Weggabelung.

Hier lohnt sich ein Abstecher nach rechts zur **Cueva de los Volcanes**. In mehreren Serpentinen geht es nun hinunter zu den flachen Teilen des Gartens, an dessen Ostrand einige Lebensräume der Kanaren en miniature nachgebaut wurden. Durch Küstenvegetation gelangen wir zum Teich **El Charco**, in dem sich Frösche und Schildkröten tummeln. Vom benachbarten Ausstellungszentrum erreichen wir über die Puente di Piedra die **Plaza Matías Vega** mit dem auf die Gründerzeit zurückgehenden Hain Kanarischer Dattelpalmen.

Wir spazieren nach links weiter und kommen in den **Jardín de las Islas**. Hier werden endemische Pflanzen aller Kanaren inselweise vorgestellt. Etwas weiter im Südosten stoßen wir auf den berühmten Kakteengarten. Auch wer mit diesen stacheligen Gesellen wenig anfangen kann, wird von der Formen- und Blütenfülle begeistert sein.

Etwas weiter talaufwärts überqueren wir auf der Puente de Palo erneut den **Barranco Guiniguada** und kommen zur Pflanzenwelt der Kiefernwälder. Gleich hinter dem gelben Toilettenhäuschen beginnen wir den steilen Aufstieg, der uns wieder, an den Zwillingsdrachenbäumen vorbei, zum Ausgangspunkt zurückbringt.

3 In die Caldera de Bandama

Gran Canarias jüngster Vulkan: Casa de la Caldera – Mirador – Kratergrund – Casa de la Caldera

leicht
4 km
2 Std.
↑ 180 m ↓ 180 m
ja

Tourencharakter: Rundwanderung auf befestigten Wegen und einfachen Pfaden, teilweise über Lavaschutt.
Beste Jahreszeit: Ganzjährig.
Ausgangs-/Endpunkt: Casa de la Caldera im Weiler Bandama.
Wanderkarte: Kompass-Wanderkarte 237 Gran Canaria, 1:50 000.
Markierung: Keine.
Verkehrsanbindung: Die Buslinien 311 und 312 verbinden Bandama mit der Hauptstadt, Haltestelle direkt am Ausgangspunkt. Mit dem Pkw auf der GC 811 und der neuen Umfahrung Tafira Richtung Sta. Brígida. Am oberen Ortsrand von Tafira den Hinweistafeln zum Mirador de Bandama folgen bis zur Abzweigung der Straße auf den Gipfel. Hier beschränkte Parkmöglichkeiten.
Einkehr: Am Weg keine, Aussichtslokal (Herbst 2001 in Bau) auf der Straße zum Mirador, Golfhotel in Bandama.
Unterkunft: Golfhotel in Bandama. Bekanntes, stilvolles Hotel in Sta. Brígida mit angeschlossener Hotelfachschule, Tel. 928/35 55 11.
Tourist-Info: Patronato de Turismo, León y Castillo 17, 35003 Las Palmas, Tel. 928/21 96 00.

Vor etwa 3000 Jahren erloschen die Vulkane auf Gran Canaria. Eine der letzten starken Ausbruchswellen ließ in der Region zwischen Las Palmas und Sta. Brigída eine Reihe neuer Krater entstehen. Bis heute erkennt man an diesen Bergen den klassischen Aufbau eines Vulkans – ein spannender Ausflug in die Erdgeschichte erwartet uns!

Der Wegverlauf

An der Bushaltestelle in **Bandama** führt – an einer Telefonzelle vorbei – in südöstlicher Richtung ein gepflasterter Weg zwischen den Häusern des Weilers hindurch. Nach wenigen Metern treten wir durch einen Torbogen; ein Stufenweg beginnt sich allmählich in den Krater hinabzusenken. Ein heißer Hauch weht uns entgegen – kein Zeichen des Vulkanismus, sondern die windstille Luft, die sich in der Caldera aufgeheizt hat.

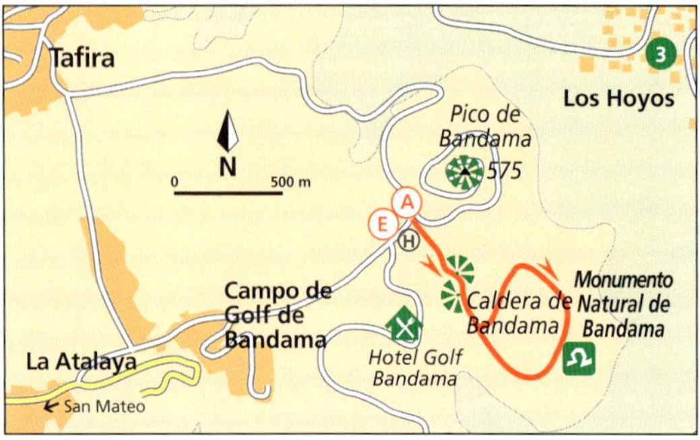

Steiler geht es nun bergab, und bald weicht die Pflasterung

Tipp

Nach der Wanderung sollte man einen Ausflug zum Aussichtspunkt **Mirador de Bandama** nicht versäumen. An manchen Stellen der Straße ist der Blick in den Kratergrund wahrlich atemberaubend, ganz oben liegt uns Las Palmas zu Füßen.

Der traditionsreiche, älteste Golfclub Spaniens, der **Real Club de Golf de Las Palmas** (Internet www.step.es/canarias-golf) grenzt direkt an den Krater. Das angeschlossene Hotel mit Restaurant (Tel. 928/35 33 54) steht auch Nichtgolfern offen.

3

des Weges feinem Lavageröll, das allerdings ebenfalls leicht zu begehen ist. Unter uns, auf etwas weniger als halber Höhe bis zum Kratergrund, erkennen wir eine kleine **Aussichtsplattform**, die unser erstes Ziel ist. An einer Weggabelung halten wir uns rechts und steuern auf diesen runden Balkon zu. Erstmals liegt hier das gesamte Kraterinnere vor uns. Auch die Gehöfte am Boden der Senke sind deutlich zu erkennen.

Blick in den jüngsten Krater, die Caldera de Bandama

In zahlreichen Serpentinen schlängelt sich der Pfad dem tiefsten Punkt der Wanderung entgegen. Nur selten gewähren einzelne Bäume und Palmen ein wenig Schutz vor der Sonne, die unbarmherzig in den Krater hineinbrennt. An der nächsten Weggabelung halten wir uns links und gehen auf ein verlassenes Gehöft zu. Kurz bevor wir es erreichen, halten wir uns erneut links und beginnen die Runde am Grund der **Caldera de Bandama**. An Feldern entlang geht es zu einem zweiten Haus, an dem wir rechts vorbeiwandern. Im Uhrzeigersinn gehen wir um den Kratergrund herum. Dabei ignorieren wir die Pfade, die rechts zum Gehöft zurückführen. Die teilweise wild zerklüfteten Steilwände lassen noch immer die Kraft des einstigen Ausbruchs erahnen.

An der licht bewaldeten Südseite des Kraters steigen wir über Stufen zu einem Wasserspeicher empor, kehren aber an Höhlen vorbei noch einmal zur Talsohle zurück und kommen so schließlich an die vom Hinweg bekannte Gabelung. Für den Rückaufstieg wählen wir wiederum den Weg zu den Häusern von Bandama.

4 Von Agaete zur Playa de Guayedra

Einsamer Kiesstrand im Angesicht Teneriffas: Agaete – Playa de Guayedra – Las Longueras – Agaete

mittel

7 km

2 Std.

↑460 m ↓460 m

Tourencharakter: Aussichtsreiche Wanderung auf Pisten und Wegen. Beim Abstieg von der Straße zur Playa de Guayedra erhebliches Gefälle. Am Strand bei ruhiger See Bademöglichkeit.
Beste Jahreszeit: März–Oktober.
Ausgangs-/Endpunkt: Kirchplatz von Agaete.
Wanderkarten: Kompass-Wanderkarte 237 Gran Canaria, 1:50 000. Mapa de las Carreteras del Cabildo Insular, 1:65 000.
Markierung: An den Straßen Hinweisschilder, am Wegverlauf weiße Markierungspunkte auf Stein.
Verkehrsanbindung: Die Buslinien 102 (in das Valle de Agaete) und 103 (nach Puerto de las Nieves) verbinden Las Palmas mit Agaete. Mit dem Pkw auf der Autobahn GC 2 und der Landstraße GC 810.
Einkehr: Bars und Restaurants in Agaete und Puerto de las Nieves.
Unterkunft: Hotels und Appartements in Agaete und Puerto de las Nieves. Fincas im Valle de Agaete.
Tourist-Info: Patronato de Turismo, León y Castillo 17, 35003 Las Palmas, Tel. 928/21 96 00.

Gewaltige Klippen prägen die Westküste Gran Canarias. Ein wenig südlich von Agaete zieht das Tal von Guayedra bis zur Küste hinunter – eine grüne Oase, die in einem kleinen Strand endet. Wochentags herrscht hier Einsamkeit, oft hat man die ganze Bucht für sich allein.

Der Wegverlauf

Vom **Kirchplatz** in Agaete folgen wir der Hauptstraße in Richtung Puerto de las Nieves. Nach etwa 600 m kommen wir zu einer

Kreuzung, an der sich die Straßen zum Hafen und nach La Aldea de San Nicolás trennen. Auffällig ist hier ein Haus mit einzelnen Bauteilen, die an überdimensionale Eier erinnern. Rechts an diesem vorbei führt eine Piste den Hang hinauf. Nach etwa 50 m verlassen wir diesen Weg und zweigen scharf links in den **Königsweg** nach Guayedra ab. Er leitet in gut

4

Tipp

An den Wochenenden strömen die Einwohner von Las Palmas in Scharen nach Puerto de las Nieves. Hier locken ausgezeichnete Fischrestaurants, allen voran das **Dedo de Dios** (Tel. 928/89 80 00), direkt am Strand. Ebenfalls zu empfehlen sind das **Las Nasas** (Tel. 928/89 86 50) und das **Puerto de Laguete** (Tel. 928/89 84 77), beide in der Calle Virgen de las Nieves.

15 Min. zu einer markanten Linkskurve der Straße Agaete – San Nicolás (km 39.0) hinauf. Wir folgen dieser Straße nach rechts und erreichen nach etwa 200 m einen Aussichtspunkt. Weit schweift der Blick hinunter in die Bucht von Puerto de las Nieves; deutlich erkennen wir den Felsen Dedo de Dios, den »Finger Gottes«, das Wahrzeichen des Hafens.

Nach weiteren 200 m auf der Straße führt ein gut sichtbarer, befestigter Weg über zahlreiche Stufen der Küste entgegen. Weiter unten verliert sich dieser Pfad, zwischen Felsen steigen wir weglos in den Talgrund zu unserer Linken. An einer eingezäunten, von Hunden bewachten Finca vorbei, erreichen wir schließlich den dunklen **Lavastrand**.

Agaete, Ausflugsziel im Nordosten

Für den Rückweg kehren wir zunächst zum km 39.0 der Straße zurück, folgen jedoch nicht dem Königsweg, sondern wechseln auf die rechte Straßenseite und gehen etwa 30 m den Hang hinauf. Wir stoßen auf eine Piste, der wir nach links folgen. Nach 30 Min. gelangen wir in eine Talsohle mit einem nicht mehr benutzten **Kalkofen**. Nach Süden bietet sich ein malerischer Ausblick in die Guayedra-Schlucht.

Vom Kalkofen wählen wir den schmalen, nordwärts hinabführenden Pfad. Anfangs geht es steil hinunter, doch bald leitet der Weg mäßig fallend unserem Ziel entgegen. An einer Einsattelung halten wir uns rechts und steigen den vor uns liegenden Hang abwärts. Als Orientierungshilfe dient ein eingezäunter **Wasserspeicher**, an dem wir links vorbeiwandern. Wir treffen auf eine Piste, der wir in den Talgrund folgen. Ein abzweigender Trampelpfad führt über die Talsohle zur Calle San Germán, die wir nach Nordwesten in Richtung Ortszentrum entlangspazieren. Bald ist wieder die Kirche von Agaete erreicht.

5 Von San Pedro auf den Tamadaba

Wandern im Zentrum alter Bergsteiger-Tradition: San Pedro – Presa de los Pérez – Tamadaba – San Pedro

mittel
21 km
6 Std.
↑ 1070 m
↓ 1070 m

Tourencharakter: Rundwanderung mit beträchtlichem Höhenunterschied, zumeist auf guten Wegen. Im Abstieg Schwindelfreiheit von Vorteil.
Beste Jahreszeit: März–Oktober.
Ausgangs-/Endpunkt: San Pedro im Barranco de Agaete.
Wanderkarten: Kompass-Wanderkarte 237 Gran Canaria, 1:50 000. Mapa de las Carreteras del Cabildo Insular, 1:65 000.
Markierung: Keine.
Verkehrsanbindung: Die Buslinie 102 verbindet Las Palmas mit dem Barranco de Agaete, Haltestelle in San Pedro. Mit dem Pkw auf der Autobahn GC 2 und der Landstraße GC 810 bis Agaete; im Ort den Wegweisern ins Tal folgen.
Einkehr: Bar in San Pedro, Restaurant in Los Berrazales.
Unterkunft: Hotel in Los Berrazales, Fincas im Barranco de Agaete und Campingplatz am Tamadaba.
Tourist-Info: Patronato de Turismo, León y Castillo 17, 35003 Las Palmas, Tel. 928/21 96 00. Punto de Información Turistica de Artenara, Camino de la Silla s/n, 35350 Artenara, Tel. 928/66 6117.

Kiefern verströmen leicht harzigen Duft.

Der Barranco de Agaete, das üppigste Tal von Gran Canaria, ist ein traditionelles Zentrum für Kurgäste und Bergsteiger. Auch die Einwohner von Las Palmas kommen an den Wochenenden und zur Sommerfrische gerne hierher. Diese klassische Rundwanderung führt vom grünen Tal hinauf zu den luftigen Höhen des Tamadaba, der herrliche Panoramablicke bietet.

Der Wegverlauf

Im Zentrum des kleinen Weilers **San Pedro** überqueren wir die Brücke über den Talbach und halten uns gleich danach links. Auf der Piste geht es um einen Fußballplatz herum, und an seiner Südostecke treffen wir auf einen Treppenweg, der parallel zu den Straßenlaternen verläuft. Bei der Häusergruppe **Casas del Camino** treffen wir an einer Telefonzelle auf die Straße Agaete – Los Berrazales. Wir folgen dieser Straße rechts talaufwärts, biegen jedoch schon nach 200 m auf eine rechts abzweigende Piste ein. Nach 300 m wählen wir den steingepflasterten Weg, der zwischen zwei Fincas hindurch

zu einer Brücke hinaufführt. Wer möchte, kann nach **Los Berrazales** und zum dortigen Hotel aufsteigen.

Wir bleiben jedoch im Talgrund und gehen wiederum an einer Finca vorbei aufwärts. Kiefern und Zypressen säumen den weiteren Weg, und auch die Fruchtbarkeit des Barranco di Agaete wird hier deutlich: Auf den Terrassenfeldern zu unserer Linken gedeihen Avocados und verschiedene Zitrusfrüchte. Der Weg zieht nun oberhalb der Thermalquellen und des Hotels in Los Berrazales entlang. Wir erklimmen den Steilhang der **Montaña de las Vueltas**, doch ist dieser Abschnitt nicht so anstrengend wie es vielleicht klingt. Denn der Berg trägt seinen Namen, der »Berg der Kehren« bedeutet, zu Recht. In sanfter Steigung wird der beträchtliche Höhenunterschied zur Kammhöhe auf zahlreichen, bequem angelegten Serpentinen überwunden.

Oben angekommen, eröffnet sich erstmals ein herrlicher Ausblick auf die umgebende Landschaft. Zurückblickend liegt der grüne Barranco de Agaete zu unseren Füßen. Im Westen ragen die gewaltigen Basaltwände des Tamadaba auf, und direkt vor uns reckt sich die zerklüftete Pyramide des Roque Cumplido himmelwärts. Auf einem steingepflasterten, mit Mauern gesicherten Weg geht es nun gemächlich zu einer Piste empor, die in 400 m zum Parkplatz unterhalb des Dorfes **El Sao** führt (55 Min.). Auf einem steilen Treppenweg erreichen wir die Häuser eines Weilers. Oberhalb des Weilers wird der Pfad deutlich flacher und führt wenig später an der alten Wassermühle **Molino de Abajo** vorbei. In diesen Mühlen wurde früher aus Gerste und anderen Getreidesorten der viel gerühmte Gofio gemahlen.

5

Der folgende Wegabschnitt ist einer der malerischsten der gesamten Region. In ockerfarbenen Felsen liegen mehrere Höhlen, die als Speicher, Ställe und zu vielen anderen Zwecken genutzt werden. Unter uns wird die begleitende Schlucht immer enger, und die Basaltwand des Tamadaba erscheint nun schon zum Greifen nahe. Einsame Kiefern kämpfen in den steilen Felsen ums Überleben. Einige lang gezogene Kehren leiten zum Dorf **El Hornillo** hinauf, in dem es einige Höhlenwohnungen gibt. Der Weg führt direkt auf den Dorfplatz mit der Kapelle Sta. Teresita.

Tipp

Nahe dem Picknickplatz am Tamadaba liegt mitten im Pinar einer der schönsten Campingplätze der Forstbehörde. Zwischen den Kiefern hindurch schweift der Blick über den weiten Ozean bis zur Nachbarinsel Teneriffa. Selbstversorger können hier mitten in der Natur gratis zelten, allerdings nur nach vorheriger Anmeldung bei den zuständigen Behörden (→**Camping** in den Reiseinformationen).

Von hier gehen wir auf einer asphaltierten Straße in 20 Min. zu einer etwas unübersichtlichen Kreuzung, an der wir in die nach rechts abwärts führende Straße einbiegen. Gut 250 m trennen uns noch von der Staumauer **Presa de los Peréz**. Jenseits des Dammes, auf der Westseite, setzt sich der Weg fort. Durch lichten Kiefernwald streben wir dem Plateau auf dem Tamadaba entgegen. Wir kommen an eine Weggabelung, an der von links der Weg vom Töpferzentrum Lugarejos herab (→ **Tour 6**) einmündet. Wir halten uns jedoch rechts und stoßen nach etwa 400 m auf eine erfrischende Quelle. In einer sehr weiten Linkskurve schwenkt der Weg nun in südwestliche Richtung und leitet in kurzer Zeit zur Einsattelung **Siete Pinos** (1310 m).

Knapp 100 m über uns liegt die Tamadaba-Ringstraße. Um das Weiterwandern auf dem Asphalt zu vermeiden, gehen wir zwischen den beiden Steinmauern am Sattel nach rechts und folgen dem durch dichten Kiefernwald führenden Trampelpfad. Der Interessierte wird hier viele typische Bewohner dieser Waldgemeinschaft entdecken. Immer wieder ertönen das Trommeln und die scharfen Rufe des Kanaren-Buntspechts. Sogar der seltene Teidefink, der nur auf Gran Canaria und Teneriffa vorkommt, kann hier beobachtet werden.

Nach knapp 200 m erkennen wir zu unserer Rechten eine von Höhlen durchlöcherte Felswand. 50 m weiter queren wir einen Seitenbarranco und wandern in nordwestlicher Richtung weiter. Im Laufe der nächsten 500 m kreuzen wir zwei weitere Seitenschluchten. Danach wird der Wald lichter und der Weg verliert

5

sich in einer Vielzahl von Pfadspuren, die alle nach etwa 80 m in eine Piste münden. Unmittelbar links von uns liegt der **Picknickplatz Tamadaba**, dessen Bänke und Tische zu einer längeren Rast einladen. Hier liegen auch Grillplätze, an denen man eine schmackhafte Mahlzeit zubereiten kann. Von der Westseite des Platzes bietet sich ein atemberaubender Ausblick: Weit unten leuchtet der Atlantik in tiefem Blau, und in der Ferne erkennt man bei guter Sicht sogar den Gipfel des Teide auf Teneriffa.

Der fruchtbare Barranco de Agaete

Vom Picknickplatz wandern wir auf einer Piste nach Nordosten; es geht nun vorwiegend abwärts. Nach etwa 400 m kommen wir zu einer Kette, die die Piste für Fahrzeuge sperrt. Nach weiteren 250 m biegen wir links in einen von Steinmäuerchen flankierten Weg ein, der in einem weiten Bogen um eine private Finca herumführt. In diesem Abschnitt sollten Sie unbedingt auf diesem Pfad bleiben – die Finca wird von Hunden bewacht! Mehrmals kreuzen wir Pisten, folgen jedoch stets dem ummauerten Weg. In nördlicher Richtung wandernd, erreichen wir nach insgesamt etwas mehr als 4 Std. den **Mirador de la Vuelta del Palomar** (860 m), von dem wir nochmals einen umfassenden Panoramablick genießen.

Der Weg schwenkt nun in südöstliche Richtung und leitet – gut ausgebaut – an fast senkrechten Felswänden ins Tal hinab. Vor dem **Roque Bermejo**, einem Kultplatz der Altkanarier, erreichen wir ein kreisrundes, steingepflastertes Plateau, das früher als Dreschplatz für Getreide von den nahen Terrassenfeldern diente. Östlich des Plateaus setzt sich der Abstieg fort und führt an zahlreichen ins weiche Gestein geschlagenen Höhlen, den **Cuevas de Berbique**, vorbei, die den Guanchen als Wohnungen dienten. Wir queren nun einen Barrancogrund, in dem eine Quelle sprudelt, und setzen den Weg in nordöstlicher Richtung fort. Mandelbäume tauchen auf und zeigen, dass wir uns wieder dem Siedlungsraum nähern. Bald sind die ersten Häuser von **San Pedro** erreicht. An einem großen Eukalyptusbaum steigen wir zur Straße hinab, die uns ins 300 m entfernte Dorfzentrum zurückbringt.

6 Von Artenara nach Los Berrazales

Vom Höhlendorf in ein üppig grünes Tal: Artenara – Cruz de las Mentiras – Lugarejos – Los Berrazales

mittel

10 km

3 Std.

↑0 m
↓850 m

Tourencharakter: Abwechslungsreiche Tour auf gut ausgebauten Königswegen und Pisten. Bei Nässe teilweise Rutschgefahr.
Beste Jahreszeit: März–Oktober.
Ausgangspunkt: Kirchplatz von Artenara (1220 m).
Endpunkt: Los Berrazales.
Wanderkarten: Kompass-Wanderkarte 237 Gran Canaria, 1:50 000. Mapa de las Carreteras del Cabildo Insular, 1:65 000.
Markierung: Straßenschilder und weiße Markierungspunkte.
Verkehrsanbindung: Die Busse der Linie 220 fahren mehrmals täglich von Las Palmas über Teror nach Artenara. Von Los Berrazales mit der Linie 102 zurück in die Hauptstadt. Anreise mit dem Pkw nicht zu empfehlen, da Ausgangs- und Endpunkt weit voneinander entfernt und nicht direkt durch öffentliche Verkehrsmittel verbunden sind.
Einkehr: Restaurants in Artenara und Los Berrazales, Bar im Dorfladen von Lugarejos.
Unterkunft: Hotel in Los Berrazales, Pension und Fincas in Artenara.
Tourist-Info: Patronato de Turismo, León y Castillo 17, 35003 Las Palmas, Tel. 928/21 96 00. Punto de Información Turistica de Artenara, Camino de la Silla s/n, 35350 Artenara, Tel. 928/66 61 17.

In der Zeit vor dem Einzug des motorisierten Verkehrs waren die Königswege die wichtigsten Verkehrsadern Gran Canarias. Bei dieser Tour folgen wir einer dieser traditionellen Verbindungen vom Inselinneren in den Barranco de Agaete, dem fruchtbarsten Tal des Nordwestens. In Lugarejos haben wir dabei noch die Gelegenheit, ein von alters her überliefertes Handwerk kennen zu lernen.

Hotel Princesa Guayarmina

Der Wegverlauf

Vom **Kirchplatz in Artenara** geht man – am neuen Informationszentrum vorbei – auf der Straße in Richtung Tamadaba. 250 m hinter der Tankstelle folgen wir einer abschüssigen Betonpiste nach rechts. Etwa 850 m weiter schwenkt diese Piste in einer Rechtskurve um in nordöstliche Richtung. Etwa 1 Min. später verlassen wir die Piste auf einem scharf links abzweigenden Weg, der sich sogleich verengt und zu einer Schlucht hinabführt.

6

Wer schwindelfrei ist, quert die Schlucht auf einem ummauerten Wasserrohr. Sonst empfiehlt sich der etwas weiter rechts verlaufende Pfad. Durch dichtes Röhricht weiter. Nach 200 m gehen wir am Wasserkanal entlang und stoßen gleich auf die nach Lugarejos verlaufende Asphaltstraße; hier rechts. Nach 400 m weist ein Ortsschild auf den Weiler Coruña hin.

250 m weiter, kurz vor einer starken Rechtskurve, wandern wir auf einem zunächst steingepflasterten Weg 50 m hinauf. Wir überqueren eine Asphaltstraße und passieren auf einer Geröllpiste einen weißen Elektrizitätsturm. Nach 150 m ignorieren wir einen rechts abzweigenden Pfad, wählen allerdings 200 m darauf den Steig, der zum verwitterten Holzkreuz **Cruz de las Mentiras** (»Kreuz der Lügen«) hinaufführt.

Vom Kreuz windet sich ein Pflasterweg 50 m hinab, schwenkt dann scharf nach rechts und führt in etwa 5 Min. in den Barrancogrund. Auf der linken Talseite halten wir uns in Richtung Westen und wechseln nach 150 m über eine Brücke auf die rechte Seite hinüber. Nach knapp 200 m erreichen wir eine Betonpiste und gehen in den Weiler **Lugarejos** hinein. Seit vorspanischer Zeit werden hier formvollendete Krüge und Schalen hergestellt. Das **Centro Locero** zeigt – auch live! – die Herstellung der schönen Stücke.

Vom Museum folgen wir in einer großen Schleife der Straße nach Nordosten zur Staumauer **Embalse de los Peréz** und von hier dem Anstiegsweg der **Tour 5** hinunter nach Los Berrazales.

7 Von Artenara zum Pinar de Tamadaba

Urwüchsiger Kiefernwald mit eindrucksvollen Ausblicken: Artenara – Cruz de María – Siete Pinos – Artenara

mittel
17 km
5 Std.
↑400 m ↓400 m
ja

Tourencharakter: Streckenwanderung auf Forstpisten, ausgebauten Wegen und wenig befahrener Asphaltstraße; herrliche Ausblicke!
Beste Jahreszeit: März–Oktober.
Ausgangs-/Endpunkt: Kirchplatz von Artenara (1220 m).
Wanderkarten: Kompass-Wanderkarte 237 Gran Canaria, 1:50 000. Mapa de las Carreteras del Cabildo Insular, 1:65 000.
Markierung: Hinweisschilder an den Straßenstücken, Steinmännchen.
Verkehrsanbindung: Busse der Linie 220 mehrmals täglich von Las Palmas über Teror nach Artenara. Mit dem Pkw über die GC 811 von Las Palmas über Vega de San Mateo und Cruz de Tejeda zum Ausgangspunkt.
Einkehr: Restaurants in Artenara, unterwegs keine.
Unterkunft: Pension und Fincas in Artenara, Campingplätze am Tamadaba.
Tourist-Info: Información Turistica de Artenara, Camino de la Silla s/n, 35350 Artenara, Tel. 928/66 61 17.

Ein Ausflug vom Höhlendorf Artenara zu den Kiefernwäldern auf dem Tamadaba zählt für viele Touristen zu den schönsten Erlebnissen eines Gran Canaria-Urlaubs. Doch der wahre Charakter der Landschaft erschließt sich nur dem Wanderer – wer die Tamadaba-Ringstraße mit dem Auto abfährt, versäumt sehr viel! Zu dieser Wanderung gibt es verschiedene Varianten; man kann von jedem beliebigen Wendepunkt wieder nach Artenara zurückkehren. Auch Kombinationen mit den Touren 5 und 6 sind möglich.

Am Morro de los Cuervos

Der Wegverlauf

Vom **Kirchplatz in Artenara** spazieren wir auf der westwärts in Richtung Tamadaba führenden Straße. An der Kreuzung nach 200 m folgen wir der steilen, anfangs asphaltierten Piste geradeaus. Wir erreichen den Friedhof und gehen auf der bergwärts führenden Piste 250 m zu einem kleinen Aussichtsplateau. Nun wandern wir auf der Piste geradeaus weiter und ignorieren die

Abzweigung nach Acusa (→ **Tour 8**). Nach etwa 10 Min. wird der Weg deutlich schmäler und leitet – teilweise über Treppen – auf die Straße hinunter.

Wir folgen der Straße und behalten auch an einer Kreuzung unsere westliche Richtung bei. Etwas mehr als 600 m danach biegen wir links in einen Weg ein, der eine weite Straßenkurve abkürzt. Etwa 5 Min. später erreichen wir wieder den Asphalt und können uns auf einer Bank kurz erholen. Anschließend geht es auf der Straße nach links weiter zur **Degollada del Sargento** mit einem schönen Aussichtsplateau.

Wir folgen einem parallel zur Straße, aber ohne größere Kurven verlaufenden Weg, der durch Steinmarkierungen gekennzeichnet ist. Der einzige steile Aufstieg beginnt, und nach knapp 10 Min. sind wir an der Wegkreuzung **Cruz de María**. Wenn man hier geradeaus weitergeht, kann man in etwa 1:30 Std. den Gipfel des Altavista (1376 m) erreichen, der eine umfassende Aussicht bietet.

Unser weiterer Weg zum Tamadaba führt jedoch rechts am Bergkamm entlang. Nach ca. 15 Min. ist das Forsthaus **Finca Tirma** erreicht, das bei km 7 an der Tamadabastraße liegt. Auf der Straße wandern wir etwa 100 m nordwärts und biegen dann links in einen von Steinmauern flankierten Weg ein. Schöne Ausblicke belohnen unsere Mühen. Ab dem Sattel **Las Lajas** geht der Weg in eine Piste über, die wenig später wieder in die Tamadabastraße mündet. Wir folgen ab hier der Straße und halten uns an der Gabelung rechts. Am Nordostzipfel der Ringstraße erreichen wir die Örtlichkeit **Siete Pinos** (Anschluss an **Tour 5** möglich). In der unmittelbaren Umgebung liegen die schönsten Abschnitte des Kiefernwaldes. Auf dem schon bekannten Weg kehren wir in etwa 2:30 Std. wieder nach Artenara zurück.

8 Panoramaweg nach Acusa

Aussichtsreiche Wanderung auf den Spuren der Guanchen: Artenara – Acusa Seca – Acusa Verde – Artenara

mittel
15 km
5 Std.
↑700 m
↓700 m

Tourencharakter: Abwechslungsreich, teilweise recht steil. Zwischen Acusa Seca und Acusa Verde Trittsicherheit erforderlich, bei Regen hohe Steinschlaggefahr.
Beste Jahreszeit: März–Oktober.
Ausgangs-/Endpunkt: Kirchplatz von Artenara (1220 m).
Wanderkarten: Kompass-Wanderkarte 237 Gran Canaria, 1:50 000. Mapa de las Carreteras del Cabildo Insular, 1:65 000.
Markierung: Hinweisschilder an den Straßen, sonst keine.
Verkehrsanbindung: Busse der Linie 220 mehrmals täglich von Las Palmas über Teror nach Artenara. Mit dem Pkw über die GC 811 von Las Palmas über Vega de San Mateo und Cruz de Tejeda zum Ausgangspunkt.
Einkehr: Restaurants in Artenara, unterwegs keine.
Unterkunft: Pension und Fincas in Artenara, Campingplätze am Tamadaba.
Tourist-Info: Punto de Información Turistica de Artenara, Camino de la Silla s/n, 35350 Artenara, Tel. 928/66 61 17.

In der einmaligen Berglandschaft des Inselinneren nimmt der Tafelberg Acusa eine Sonderstellung ein. Auf einem gigantischen, extrem steilwandigen Sockel ruht eine weite Hochebene, die schon von den Guanchen bewirtschaftet wurde. Eine Tour in die Vergangenheit …

Der Wegverlauf

Vom **Kirchplatz in Artenara** wandern wir zunächst auf der zum Tamadaba führenden Straße nach Westen. An der ersten, etwas unübersichtlichen Kreuzung gehen wir geradeaus die steil ansteigende Straße in Richtung Friedhof.

Nach etwa 600 m biegen wir links in die Erdpiste ein, die uns oberhalb des Gottesackers zu einem Aussichtspunkt führt. Wir ignorieren die halbrechts abzweigende Piste (→ **Tour 7**) und folgen stattdessen dem schmalen, weiter links startenden Pfad, der sich am Südhang des **Morro de los Cuervos**, des »Rabenberges«,

8

Tipp In Artenara locken zwei Restaurants mit einmaligem Panoramablick: Das **La Silla** (Tel. 928/66 61 08) ist nur über einen Tunneleingang zu erreichen. Das Lokal mit seiner riesigen Terrasse klebt in einer offenen Höhle am Steilhang – die Aussicht ist gewaltig! Sehr authentisch ist das **La Esquina** (kein Telefon) im Dorfzentrum mit typisch kanarischer Hausmannskost. Die Aussicht von der Terrasse ist auch hier fantastisch.

hinabwindet. Weit vor uns leuchten zwischen den Ästen der jungen Kiefern schon die weißen Häuser der Hochfläche von Acusa auf. Der Weg kreuzt eine Piste und führt anschließend über eine von Regenwasser glatt gespülte Felsplatte. Nach etwa 15 Min. gehen wir links in einem Halbkreis um ein Gehöft herum und stoßen bald darauf auf die nach San Nicolás führende Straße. Wir folgen ihr nach links bis zum **Cruz de Acusa Seca** (960 m) und biegen hier auf eine links abzweigende Asphaltpiste ein.

Mehrere Kehren winden sich hinunter ins Höhlendorf **Acusa Seca** (1:40 Std.). Die weißen Türen der Höhlenwohnungen sind die einzigen Farbflecken in der kargen Landschaft. Wir wandeln hier auf geschichtsträchtigem Boden: Funde und Mumien aus den vor wenigen Jahren entdeckten Gräbern sind heute im Museo Canario in Las Palmas (→ **Tour 1**) zu bewundern.

Wir verlassen das Dorf und halten uns dabei immer dicht an die Steilwand. Knapp 40 Min. nach dem Dorf geht der Weg um eine Felsnase herum; ein Ausblick in eine bizarre Schlucht eröffnet sich. Wenig später erreichen wir eine Piste, die uns nach etwa 500 m zur Straße bringt. Wir gehen hier rechts und erreichen die ersten Häuser von **Acusa Verde**. Auch hier gibt es Höhlenwohnungen und gewaltige Steilwände!

Über die wenig befahrene Straße steigen wir nun, an einem kleinen Stausee vorbei, nach **Acusa** auf. Dieses Dorf liegt direkt auf der Hochebene und war bereits am Hinweg zu sehen. Nach weiteren 800 m auf der Straße erreichen wir wieder das **Cruz de Acusa Seca** und folgen von hier dem schon bekannten Weg zurück nach Artenara.

An trockenen Stellen gedeihen knorrige Aeonien.

9 Von Cruz de Tejeda nach Artenara

Der Klassiker unter den Caminos Reales: Cruz de Tejeda – Degollada de las Palomas – Moriscos – Artenara

leicht

9 km

2-3 Std.

↑260 m ↓550 m

ja

Tourencharakter: Gemütliche Wanderung auf guten Pisten und gut ausgebauten Wegen, nur ein stärkerer Anstieg. Auf der Nordseite des Moriscos mitunter stürmisch oder wolkenverhüllt.
Beste Jahreszeit: März–Oktober.
Ausgangspunkt: Cruz de Tejeda (1509 m).
Endpunkt: Kirchplatz von Artenara (1220 m).
Wanderkarten: Kompass-Wanderkarte 237 Gran Canaria, 1:50 000. Mapa de las Carreteras del Cabildo Insular, 1:65 000.
Markierung: Hinweisschilder an den Straßen, sonst keine.
Verkehrsanbindung: Die wichtige Kreuzung Cruz de Tejeda wird von Bussen aus der Hauptstadt (Linie 305) und aus dem Süden (Linie 18) angefahren. Mit dem Pkw über die GC 811 von Las Palmas über Vega de San Mateo zum Cruz de Tejeda. Von Süden durch den Barranco de Fataga nach San Bartolomé de Tirajana und weiter über die GC 815/811.
Einkehr: Restaurant und Bar am Cruz de Tejeda und Restaurants in Artenara, unterwegs keine.
Unterkunft: Hotels am Cruz de Tejeda, Pension und Fincas in Artenara.
Tourist-Info: Punto de Información Turistica de Artenara, Camino de la Silla s/n, 35350 Artenara, Tel. 928/66 61 17.

Der Königsweg vom Cruz de Tejeda nach Artenara zeigt in eindrucksvoller Weise, wie effizient diese Pfade angelegt wurden. Während die moderne Straßenverbindung etwa 16 km lang ist, erreichen wir unser Ziel nach der halben Strecke – eine Meisterleistung der frühen Wegebauer!

Der Wegverlauf

Vom **Cruz de Tejeda** gehen wir auf der Straße Richtung Pinos de Gáldar. Nach 200 m erreichen wir ein Parkplateau, an dem der Weg nach Teror (→ **Tour 10**) seinen Ausgang nimmt. Wir steigen jedoch an der Tafel des Schutzgebietes »Parque Rural El Nublo« eine Piste links aufwärts. An einem Wasserspeicher wandern wir links vorbei, ein breiter Weg geleitet uns zu einem Kiefernwäldchen und durch die steile Südflanke des **Monte Constantino**. Doch bald flacht der Pfad wieder etwas ab und leitet links am Berggipfel vorbei. Nach etwa 30 Min. treffen wir

Unter den Cuevas de Caballero

9

erneut auf die Straße und folgen ihr 100 m nach links zum überdachten Aussichtspunkt an der Passhöhe **Las Palomas**. Über einen anfangs steingepflasterten Weg geht es nun in den Kiefernwald hinauf. Nach Querung einer Lichtung nimmt uns eine Forstpiste auf. An der nächsten Gabelung halten wir uns links in westliche Richtung. Nach 150 m bietet sich die Möglichkeit, auf einem Feldweg den Gipfel des **Moriscos** (1771 m) zu besteigen.
Nach diesem Abstecher wandern wir nach Westen weiter und erreichen nach wenigen Metern das Steinkreuz **Cruz de los Mariscos**. Bis zu einem Barranco geht es nun deutlich abwärts, danach bleibt der Weg fast auf gleicher Höhe. Große Felsen markieren die Lage der **Cuevas de Caballero**, Reste eines altkanarischen Höhendorfes. Die Szenerie ist dramatisch – unter den Höhlen stürzen die Felsen 500 m in die Tiefe und jenseits des Abgrunds erhebt sich der Roque Bentaiga.
Wir spazieren auf der Piste weiter und ignorieren nach etwa 35 Min. eine rechts abzweigende Piste. Kurz darauf erreichen wir eine weitere Weggabelung, an der wir uns geradeaus halten. Wenig später kürzen wir eine Kehre der Piste auf einem rechts abzweigenden Pfad ab. Nach 150 m stoßen wir auf einen Camino Real, dem wir nach rechts folgen. 5 Min. später, an der Passhöhe **Cruz de Toríl**, wählen wir die Betonpiste geradeaus aufwärts und steigen gleich darauf über Stufen zum ältesten Ortsteil von Artenara ab. Wir passieren die Felsenkapelle der Höhlenjungfrau **La Cuevita** und gelangen nach 400 m zur Kirche von Artenara.

10 Von Cruz de Tejeda nach Teror

Auf den Spuren unzähliger Wallfahrer: Cruz de Tejeda – Cuevas de Corcho – El Lomo de la Rosa – Teror

mittel

12 km

3 Std.

↑100 m
↓1000 m

ja

Tourencharakter: Vorwiegend bergab führende Tour auf gut ausgebauten Wegen.
Beste Jahreszeit: März–Oktober.
Ausgangspunkt: Cruz de Tejeda (1509 m).
Endpunkt: Zentrum von Teror.
Wanderkarten: Kompass-Wanderkarte 237 Gran Canaria, 1:50 000. Mapa de las Carreteras del Cabildo Insular, 1:65 000.
Markierung: Hinweisschilder an den Straßen, sonst keine.
Verkehrsanbindung: Die wichtige Kreuzung Cruz de Tejeda wird von Bussen aus der Hauptstadt (Linie 305) und von Süden aus (Linie 18) angefahren. Die Buslinien 216, 217 und 220 führen von Teror nach Las Palmas. Mit dem Pkw über die GC 811 von Las Palmas über Vega de San Mateo zum Cruz de Tejeda. Von Süden durch den Barranco de Fataga nach San Bartolomé de Tirajana und weiter über die GC 815/811. Von Teror mit den Buslinien 214 und 305 zurück zum Auto, einfacher jedoch mit dem Taxi.
Einkehr: Restaurants und Bars am Cruz de Tejeda sowie in Teror, unterwegs Bars in Lanzarote und Lomo de la Rosa.
Unterkunft: Hotels am Cruz de Tejeda, Fincas in Valleseco und in der Umgebung von Teror.
Tourist-Info: Patronato de Turismo, León y Castillo 17, 35003 Las Palmas, Tel. 928/21 96 00. Infopoint im Museo Abraham Cárdenes, C/ Leocadio Cabrera 3, 35360 Tejeda, Tel. 928/66 61 89.

Die alte Stadt Teror ist das wichtigste spirituelle Zentrum Gran Canarias. Am 8. September 1481 – zeitgerecht zu Beginn der Missionierung – erschien hier die Heilige Jungfrau in den Ästen einer Pinie und wurde sogleich zur Schutzpatronin der Insel erhoben. Während der großen Dürreperiode im 19. Jh., die von Hungersnöten und Seuchen begleitet wurde, war die Hilfe der Jungfrau so groß, dass sie in den militärischen Rang eines »Capitan General« erhoben wurde. Der Glaube an ihre Wundertätigkeit ist bis heute ungebrochen. Zahllose Canarios pilgern alljährlich Anfang September zur Kirche Nuestra Señora del Pino und flehen die Gottesmutter um Hilfe und Beistand an. Wallfahrtswege durchziehen die ganze Insel und führen von allen Dörfern und Siedlungen nach Teror. Unsere Tour folgt dem bekanntesten Pilgerpfad aus dem Landesinneren zum Marienheiligtum.

Restaurant an der Passhöhe Cruz de Tejeda

10

Der Wegverlauf

Von der Kreuzung **Cruz de Tejeda** spazieren wir an der nach Pinos de Gáldar führenden Straße in nördlicher Richtung entlang. Vorbei an Souvenirständen erreichen wir nach etwa 200 m einen runden Parkplatz. An einem Stromturm mit der Aufschrift »Unelco« wählen wir die Aufstiegsrampe aus Basaltsteinen, die uns über den Südosthang des **Constantino** emporleitet. In nordöstlicher Richtung gehen wir den dicht mit Ginster bewachsenen Hang hinauf. Immer wieder eröffnen sich Ausblicke auf kunstvoll angelegte Terrassenfelder. Wir bewegen uns auf das runde Gebäude einer lokalen Fernsehstation zu und steigen kurzzeitig durch eine ockerfarbene Felslandschaft ab. Nach etwa 30 Min. gelangen wir bei einem weiteren Elektrizitätsmasten zum Pass **La Cruz Chica** an der Straße nach Pinos de Gáldar (km 2,9).
Auf der anderen Straßenseite setzt sich der Weg deutlich sichtbar fort. Über Steinpflaster wandern wir durch lichten Kiefernwald

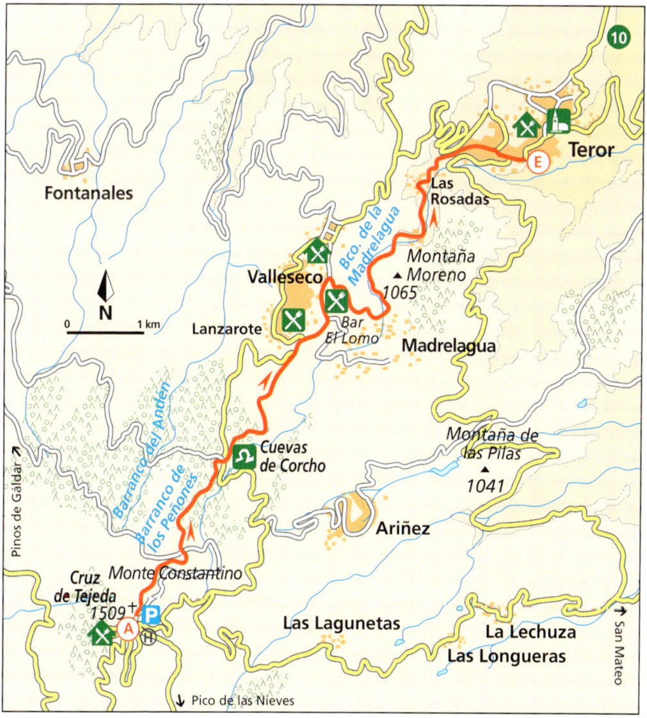

10

und über felsiges Gelände. Bei klarer Sicht schweift unser Blick über den gesamten Norden der Insel, sogar die Halbinsel La Isleta am Hafen von Las Palmas können wir in der Ferne ausmachen. Der Weg führt nun in den **Barranco de los Peñónes**. Die Schlucht verdankt ihren Namen einigen stark verwitterten Felsmonolithen, an denen wir links vorbeiwandern.

Der Pfad quert den Bachlauf und setzt sich auf der linken Talseite abwärts fort. Ein kurzer, steiler Abschnitt ist schnell überwunden, Steineichen und Kiefern prägen das Landschaftsbild. Doch allmählich mehren sich die Zeichen bäuerlicher Bewirtschaftung. Wir passieren einen Wasserspeicher und kommen an Obstbäumen und Gehegen für das Weidevieh vorbei. Bald darauf erreichen wir die Straßengabelung **Cuevas de Corcho** an der GC 110.

Wir folgen der Straße ganz kurz in Richtung Valleseco und biegen dann in einen rechts abzweigenden, steingepflasterten Weg ein. Unter Schatten spendenden Kiefern geht es in ca. 10 Min. zum Bergkamm hinauf. Hier eröffnet sich ein hübscher Ausblick auf den weiten, fruchtbaren Krater **Las Calderetas**. In seinem Grund liegt idyllisch ein altes Gehöft, von Feldern und Weideflächen umgeben. Wir steigen in den Kratergrund hinab und ignorieren den zum Haus führenden Pfad. Vorbei an einer Viehtränke stoßen wir auf eine Piste, die uns in nordwestlicher Richtung nach 600 m erneut zur GC 110 bringt. Wir befinden uns nun am Südrand des Dorfes **Lanzarote**.

Wir folgen der Straße nach rechts und kommen zu einem traditionellen, überdachten Waschplatz. An manchen Tagen wird er noch heute von den Frauen der nahen Häuser genutzt. An der

Tipp

Die **Altstadt von Teror**, das **historische Pilgerzentrum**: Der rege »Pilgertourismus« aus sechs Jahrhunderten brachte Villa Mariana de Teror, wie es mit vollem Namen heißt, einen beträchtlichen Wohlstand ein. Die Altstadt ist eine wahre Perle kanarischer Baukunst und steht in ihrer Gesamtheit unter Denkmalschutz. Der Stadtkern ist eine Fußgängerzone und lässt sich so in aller Ruhe erkunden.

An der **Plaza de Pio XII.** gedeihen alte Palmen und Drachenbäume. Der Platz wird vom ehemaligen **Bischofspalast** flankiert, heute Bibliothek und Kulturzentrum. Wichtigstes sakrales Bauwerk der Innenstadt ist die **Basilica Nuestra Señora del Pino**, die in ihrer heutigen Form auf das späte 18. Jh. zurückgeht. Barocker Prunk beherrscht die Fassade und das Innere der Kirche. Im großen Hauptaltar aus getriebenem Silber steht die knapp 1 m große, kostbar gewandete Marienstatue, die allgemeine Verehrung genießt. In der Apsis hinter dem Hauptaltar gibt es eine Treppe, auf der die Gläubigen bis direkt zum Glasschrein emporsteigen können.

Vor der Basilika erstreckt sich die baumbestandene **Plaza del Pino**, an der sich die schönsten Profanbauten der Stadt befinden. Prächtig geschnitzte Holzbalkone und -türen prägen die Fassaden der Ansitze. Wer ein derartiges Haus von innen sehen will, sollte unbedingt die **Casa Museo de los Patrones** besuchen, die einst Sommersitz der mächtigen Familie Manrique de Lara war.

10

Gabelung nach etwa 500 m verlassen wir die in den Ortskern von Lanzarote hineinführende Route und gehen rechts auf der asphaltierten Straße weiter. Nochmals 400 m weiter ignorieren wir eine rechts abzweigende Fahrbahn und wandern 500 m geradeaus weiter Richtung Valleseco. Nach etwa 2 Std. Gesamtgehzeit erreichen wir die **Bar El Lomo**, benannt nach dem Bergrücken Lomo de la Rosa. Gleich hinter dem Lokal biegen wir rechts auf eine grasbewachsene Piste ab. Doch schon nach einem kurzen Wegstück halten wir uns wieder rechts und gehen auf einem breiten Weg weiter. Vor uns, tief unten am Meer, sehen wir deutlich die Hauptstadt Las Palmas.

Ein Kastanienhain spendet auch im Sommer Schatten.

Der Pfad bringt uns in den grünen **Barranco de la Madrelagua**. In dieser bemerkenswerten Schlucht hat sich ein spärlicher Rest des ursprünglichen Lorbeerwaldes erhalten, der in vorspanischer Zeit alle feuchten Täler und Berghänge der Insel bedeckte. Heute ist dieser Waldtyp, ein Relikt aus der Tertiärzeit, auf wenige Schluchten im Norden Gran Canarias beschränkt.

Wir steigen in Richtung Barrancogrund hinunter und überqueren ihn auf einer Brücke. Nach einem kurzen Aufstieg erreichen wir eine Asphaltpiste, der wir etwa 10 Min. über den Westhang der **Montaña Moreno** (1065 m) folgen. Sie bringt uns in einen kleinen Weiler, danach geht es auf einem bequemen Weg in einen weiteren Talgrund hinab: Durch Zitronenhaine steigen wir zu einer Piste auf, der wir etwa 10 Min. in nordwestlicher Richtung folgen. Nach weiteren 5 Min. Gehzeit erreichen wir eine deutliche Kurve mit einem Feigenbaum. Hier biegen wir in die abwärts weisende Piste ein und wechseln anschließend die Talseite.

Der Weg führt uns in etwa 10 Min. in den Weiler **Las Rosadas**. Hier werden noch einige der traditionellen Getreidemühlen betrieben. Ein Asphaltsträßchen leitet uns zur GC 814 Firgas – Teror. Wir biegen auf diese Hauptstraße nach rechts ein, schneiden eine weite Kehre auf einem direkten Verbindungsweg ab und erreichen das Zentrum von Teror auf seiner Südseite.

11 Zum Krater Pinos de Gáldar

Mystische Landschaft im Nebelschleier der Passate: Fontanales – Mirador Pinos de Gáldar – Fontanales

leicht
8 km
3 Std.
↑500 m ↓500 m
ja

Tourencharakter: Rundwanderung mit ausgeglichenen Höhenunterschieden.
Beste Jahreszeit: Ganzjährig.
Ausgangs-/Endpunkt: Fontanales.
Wanderkarten: Kompass-Wanderkarte 237 Gran Canaria, 1:50 000. Mapa de las Carreteras del Cabildo Insular, 1:65 000.
Markierung: Nur Straßenschilder.
Verkehrsanbindung: Mit den Buslinien 116 und 117 erreicht man Fontanales von Las Palmas, mit der Linie 113 von Gáldar. Im Pkw auf der GC 2, dann die beschilderte Landstraße nach Moya und weiter zum Ausgangspunkt.
Einkehr: Bars und Restaurant in Fontanales, Spitzenrestaurant an der Landstraße Moya – Fontanales.
Unterkunft: Hotel und Fincas in Fontanales.
Tourist-Info: Patronato de Turismo, León y Castillo 17, 35003 Las Palmas, Tel. 928/21 96 00.

Neben den Vulkanen um den Weiler Bandama (→ **Tour 3**) im Nordosten ist der Krater Pinos de Gáldar das schönste Beispiel für die letzte Phase des aktiven Vulkanismus auf Gran Canaria. Bis heute sind Spuren der Eruptionen vor etwa 3500 Jahren deutlich zu erkennen.

Kiefernwald am Krater

Der Wegverlauf

Im Ortszentrum von **Fontanales** gehen wir auf der nach Juncalillo führenden Straße 300 m nach Westen. Bei km 19,8 zweigen wir dann links in den Camino del Valle ein. Nach weiteren 300 m, unmittelbar hinter Haus Nr. 8, folgen wir einem Erdweg nach rechts, der bald darauf den Talgrund kreuzt und am Rand eines Kiefernhains und unter Kastanien- und Eukalyptusbäumen aufwärts führt.

An Bauernhöfen und Weideflächen vorbei, erreichen wir den **Lomo de la Cruz**. Wir folgen der Straße auf dem Bergrücken nach links, doch bereits nach 400 m nehmen wir einen rechts abzweigenden, zunächst steingepflasterten Weg. Auf etwa gleicher Höhe bleibend, wandern wir westlich um den Berg **Los Morretes** herum. In der Nähe eines Gehöfts wird eine Piste überquert, danach windet sich der Pfad zu einer Weggabelung hinauf.

11

Tipp

Seit Ende der 80er Jahre ist **Fontanales** ein Zentrum des »Turismo rural«. Alles begann damit, dass zwei Engländer einen Gutshof in eine kleine Pension mit »Bed & Breakfast« umbauten. Obwohl sich die Gründer schon längst zurückgezogen haben, ist das **Hotel Rural El Cortijo de las Hoyas** (Camino de Hoyas del Cavadero 11, Tel. 928/61 02 85) immer noch ein heißer Tipp für alle, die Ruhe in ländlicher Umgebung suchen.

Wir gehen links und folgen dem Weg am Westhang der Caldera Pinos de Gáldar aufwärts. Auch an der nächsten Gabelung gehen wir links. Eine steile, von Steinmauern begrenzte Lavarampe bringt uns direkt zum **Mirador Pinos de Gáldar** (1510 m). Vom Aussichtspunkt folgen wir der GC 110 in Richtung Valleseco. Nach etwa 650 m biegen wir links in die Straße nach Fontanales ein, dann rechts auf einen abzweigenden Fahrweg. In weiten Kehren über ein Feld aus Lavageröll hinab und auf eine Erdpiste. An einer unauffälligen Weggabelung halten wir uns rechts und steigen weiter bergab. An einem Betonbau wendet sich die Piste nach links. Nach etwa 2 Min. rechts auf einen breiten Weg, der sogleich nach links schwenkt und sich deutlich verengt. Vorbei an einer almähnlichen Weidefläche, gelangen wir bald wieder zur Piste. Nach etwa 5 Min., in einer scharfen Linkskurve, rechts in einen markanten Weg am Hang entlang. Auch auf einer rötlichen Ebene halten wir uns rechts und kommen zu einer deutlichen Piste.

Wir gehen erneut nach rechts und passieren einen von Hunden bewachten Höhlenstall. Am Haus Nr. 24 treffen wir auf den **Camino de Aguas de Fontanales**. Nun vorbei am Pozo del Huerto erreichen wir nach gut 1,5 km die Hauptstraße. Wir halten uns links und treffen sogleich auf den Ausgangspunkt.

12 Von Cruz de Tejeda nach Las Lagunetas

Wo die wilden Wasser rauschen: Cruz de Tejeda – Barranco de la Mina – Las Lagunetas – Cruz de Tejeda

mittel
8 km
3 Std.
↑400 m ↓400 m

Tourencharakter: Der Weg durch den Barranco de la Mina ist stellenweise ausgesetzt und nach Regenfällen sehr rutschig; Trittsicherheit erforderlich.
Beste Jahreszeit: März–Oktober.
Ausgangs-/Endpunkt: Cruz de Tejeda (1509 m).
Wanderkarten: Kompass-Wanderkarte 237 Gran Canaria, 1:50 000. Mapa de las Carreteras del Cabildo Insular, 1:65 000.
Markierung: Hinweisschilder an den Straßen, sonst keine.
Verkehrsanbindung: Cruz de Tejeda wird von Bussen aus der Hauptstadt (Linie 305) und den Tourismuszentren im Süden (Linie 18) angefahren. Mit dem Pkw über die GC 811 von Las Palmas über Vega de San Mateo zum Cruz de Tejeda. Vom Süden durch den Barranco de Fataga nach San Bartolomé de Tirajana und weiter über die GC 815/811.
Einkehr: Restaurants und Bars am Cruz de Tejeda sowie in Las Lagunetas.
Unterkunft: Parador am Cruz de Tejeda, Unterkünfte verschiedener Art in Tejeda.
Tourist-Info: Patronato de Turismo, León y Castillo 17, 35003 Las Palmas, Tel. 928/21 96 00. Infopoint im Museo Abraham Cárdenes, C/ Leocadio Cabrera 3, 35360 Tejeda, Tel. 928/66 61 89.

Der Barranco de la Mina ist eine der wasserreichsten Schluchten der Insel. Überall rauscht und sprudelt es, und es gedeiht eine entsprechend üppige Vegetation. Baumhohe Weiden sind besonders charakteristisch. Daneben belohnt die Tour mit schönen Ausblicken auf den Roque Nublo.

Der Wegverlauf

Vom **Cruz de Tejeda** wählen wir den Weg, der zwischen dem Restaurant El Refugio und dem angrenzenden Verkaufsstand nach Südosten einen Hang hinaufführt. Nach wenigen Minuten erreichen wir eine Steinmauer, die eine Finca umgrenzt. Links an einem einzeln stehenden Haus vorbei, gehen wir erst einmal auf einer Piste abwärts.

12

Tipp

Beim Informationszentrum werden an Ständen oft typische landwirtschaftliche Erzeugnisse aus dem Herzen der Insel angeboten. Ein besonderer Leckerbissen sind die Marmeladen (»Mermelada artesanal«), die von den Mitarbeiterinnen der Genossenschaft Cooperativa Artesanal de Mujeres de Valseguillo »**La Tia Claudina**«, Calle Tajinaste 38, La Barrera, Valseguillo hergestellt werden.

Wir verlassen diese jedoch sogleich auf einem rechts abzweigenden, von Steinmauern begrenzten Weg. Bei km 1,7 erreichen wir die Straße vom Cruz de Tejeda Richtung Pico de las Nieves.

Wir folgen dieser Straße etwa 400 m nach rechts zu einem Sattel, an dem sich rechts der Fahrbahn ein Königsweg fortsetzt. Nach wenigen Minuten mündet er beim **Centro Interpretación Degollada de Becerra** erneut in die Straße. Auf der dem Museum gegenüberliegenden Straßenseite an einem recht bescheidenen Aussichtspunkt startet eine Piste zu einem Gehöft; wir wandern etwa 300 m an ihr entlang. Noch vor Erreichen des Talgrundes zweigen wir auf einen Weg nach links ab. Zunächst auf der linken Talseite, später auf der rechten steigen wir in den **Barranco de la Mina** ab. Wir passieren das Gehöft Los Molinos, wo noch vor wenigen Jahren eine Wassermühle betrieben wurde. Allmählich wird es steiler, Trampelpfade erschweren immer wieder die Orientierung. In zahlreichen Serpentinen, vorbei an Felsblöcken und Wasserfällen, geht es hinab zum Bachbett. Nach dessen Querung nimmt uns ein Dickicht aus Lorbeerbäumen und Weiden auf. Gemächlicher wandern wir nun bergab, und eine Piste bringt uns schnell zur GC 811, die wir bei km 29,9 am südlichen Ortsrand von **Las Lagunetas** erreichen.

Erfrischendes Nass am Wegesrand

Für den Rückweg nehmen wir etwa 700 m die Straße Richtung Tejeda und schneiden dann eine weite Kehre auf einem links abzweigenden Weg ab. Nun folgen wir der Straße 100 m abwärts, ehe sich der Weg vor der nächsten Kurve links in vielen Serpentinen fortsetzt. Noch zweimal kreuzt der Aufstieg die Straße, doch wir gehen stets nach Westen in etwa 1 Std. zum Cruz de Tejeda hinauf.

13 Von Cruz de Tejeda nach El Aserrador

Grandioses Panorama im Herzen der Insel: Cruz de Tejeda – La Culata – Tablón del Nublo – El Aserrador

mittel

13 km

4 Std.

↑530 m
↓700 m

ja

Tourencharakter: Nur der Aufstieg von La Culata zum Tablón del Nublo ist etwas anstrengend.
Beste Jahreszeit: März–Oktober.
Ausgangspunkt: Cruz de Tejeda (1509 m).
Endpunkt: Degollada del Aserrador.
Wanderkarte: Mapa de las Carreteras del Cabildo Insular, 1:65 000.
Markierung: Hinweisschilder an den Straßen, sonst keine.
Verkehrsanbindung: Die wichtige Kreuzung Cruz de Tejeda wird von Bussen aus der Hauptstadt (Linie 305) und aus dem Süden (Linie 18) angefahren. Mit dem Pkw über die GC 11 von Las Palmas über Vega de San Mateo zum Cruz de Tejeda. Von Süden durch den Barranco de Fataga nach San Bartolomé de Tirajana und weiter über die GC 815/811. Die Buslinie 18 verbindet auch El Aserrador mit dem Cruz de Tejeda.
Einkehr: Restaurant und Bar am Cruz de Tejeda, Bars in La Culata.
Unterkunft: Hotels am Cruz de Tejeda, Unterkünfte verschiedener Art in Tejeda.
Tourist-Info: Patronato de Turismo, León y Castillo 17, 35003 Las Palmas, Tel. 928/21 96 00. Infopoint im Museo Abraham Cárdenes, C/ Leocadio Cabrera 3, 35360 Tejeda, Tel. 928/66 61 89.

Das Innere von Gran Canaria war für die Guanchen ein spirituelles Zentrum ersten Ranges. Hier befanden sich viele ihrer Kultstätten, vor allem im Umfeld der beiden magischen Berge Roque Nublo und Roque Bentayga. Die Tour führt uns auf »Urwegen« durch diese archaische Landschaft.

Blick von der Degollada Blanca

Der Wegverlauf

Wir schlagen zunächst den in → **Tour 12** beschriebenen Weg vom Cruz de Tejeda zum **Centro Interpretación Degollada de Becerra** ein. Vom Museum folgen wir etwa 300 m der Straße in Richtung Pico de las Nieves. An einem weißen Haus nehmen hier rechts zwei Wege ihren Anfang. Wir wählen den rechten, geradeaus führenden Pfad, der in vielen Kehren den Westhang des Andén del Toro hinabführt. Nach etwa 1 Std. erreichen wir die ersten Häuser des Weilers **La Culata**. Wir wandern 100 m auf der Asphaltstraße abwärts, bie-

13

gen an der Gabelung rechts ein und gelangen nach weiteren 200 m links über Stufen hinunter ins Zentrum des kleinen Dorfes. An der Hauptstraße wenden wir uns nach links und spazieren 200 m zum Haus Nr. 52. Hinter dem Gebäude biegen wir rechts in einen steingepflasterten Weg ein. Wir kreuzen den üppig bewachsenen Barranco und halten uns links an weiß gekalkten Häusern vorbei aufwärts. Nach 400 m treffen wir auf eine Reihe von Weggabelungen, an denen wir uns immer rechts halten. Weite Kehren leiten uns steil aufwärts. An der Weggabelung der **Degollada Blanca** gehen wir rechts.

Wie bei **Tour 16** geht es nun in einem weiten Halbkreis um den Roque Nublo herum. An der ummauerten Gabelung am **Tablón del Nublo** (1614 m) gehen wir aber diesmal rechts abwärts. Auf den Felsen, die unseren teilweise von Mauern begrenzten Weg umgeben, hat das Wasser deutliche Spuren hinterlassen. Im Zickzack geht es in einen Talgrund hinunter, bald stehen wir an einer Hangkante oberhalb eines kleinen Staubeckens. Links erhebt sich der Roque Elba, der an einen erhobenen Zeigefinger erinnert; dahinter ragen die felsigen Riscos de Laurel auf, die mitunter Extremkletterer anlocken.

Ein von Mandelbäumen umgebener Felsdurchbruch leitet uns bis zur südexponierten Hangseite und führt recht steil in wenigen Minuten hinab zur GC 815, auf der wir uns nach rechts wenden und nach 500 m auf die Kreuzung an der **Degollada del Aserrador** stoßen.

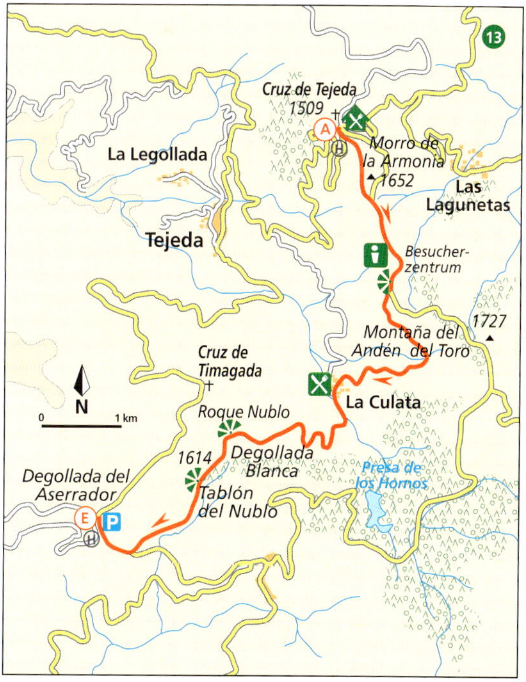

14 Rundwanderung durch die Cumbre

Inmitten des »Versteinerten Sturmes«: Las Mesas – La Culata – Corral de los Juncos – Las Mesas

mittel	
11 km	
3 Std.	
↑500 m ↓500 m	
ja	

Tourencharakter: Einfache Wanderung auf guten Wegen.
Beste Jahreszeit: Ganzjährig, am schönsten im Frühling und Herbst.
Ausgangs-/Endpunkt: Picknickplatz Las Mesas.
Wanderkarte: Mapa de las Carreteras del Cabildo Insular, 1:65 000.
Markierung: Einzelne Schilder, ansonsten keine.
Verkehrsanbindung: Keine Busverbindung. Mit dem Pkw vom Cruz de Tejeda über die Kreuzung auf der Ebene Llanos de la Pez oder von Ayacata über La Goleta (→ **Tour 16**) zum Ausgangspunkt.
Einkehr: Bar in La Culata; Kiosk am Rastplatz Las Mesas (oft nur an Wochenenden geöffnet).
Unterkunft: Nach Anmeldung (→ Camping) gratis Zeltplätze in Las Mesas und Corral de los Juncos. Im Freizeitcamp Llanos del Garañón preiswerte Holzhütten.
Tourist-Info: Infopoint im Museo Abraham Cárdenes, C/ Leocadio Cabrera 3, 35360 Tejeda, Tel. 928/66 61 89.

Der Roque Nublo macht seinem Namen alle Ehre.

»Tempestad petrificada« – versteinerter Sturm, so nannte der Philosoph und Dichter Miguel de Unamuno die höchsten Berge Gran Canarias. Er machte die Menschen und die Landschaft der Cumbre mit seinem Werk unsterblich. Die Wanderung führt uns durch das Herz der Insel.

Special

Kulturlandschaft in der Cumbre: Seit Jahrhunderten wird die Region von den Menschen in vielfältiger Weise genutzt. Der Kiefernwald liefert wertvolles Holz, früher waren es auch Schwefel, Teer und Pech. Alte Flurnamen erinnern an die Gewinnung dieser Produkte, so etwa »Llanos de la Pez«, die Ebene des Pechs. In der Landwirtschaft nimmt die Mandel eine bedeutende Stellung ein: Trotz rückläufiger Produktion werden bis heute um die 30 Tonnen pro Jahr geerntet.

Der Wegverlauf

14

Von **Las Mesas** folgen wir der Straße in Richtung Ayacata. Nach ca. 500 m geht es rechts in einen sanft ansteigenden Weg, nach weiteren 500 m folgen wir einer Piste nach links. Knapp 3 Min. später zweigt links ein gepflasterter Weg ab, der in ca. 20 Min. zum Stausee **Presa de los Hornos** hinableitet. Wir überqueren die Staumauer und gehen den Pflasterweg bergauf zum Aussichtspunkt **Cruz de Juan Peréz** an der Straße Ayacata – Llanos de la Pez, der wir wiederum in westlicher Richtung 400 m zur Passhöhe **La Goleta** folgen.

Hier führt ein steingepflasterter Weg in Nordostrichtung abwärts. Wir bleiben immer auf dem Hauptweg, der in vielen sanften Kehren dem Grund des **Barranco de La Culata** entgegenstrebt. An einer Quelle schwenkt er auf die andere Hangseite. Wir gehen an einigen links abzweigenden Wegen vorbei und erreichen die archaischen Häuser des Weilers **La Horetiguilla**. Am Wendeplatz einer Asphaltstraße leitet ein Pflasterweg links hinab. Der Talgrund wird gequert und über Stufen steigen wir zur Dorfstraße von **La Culata** hinauf, der wir für etwa 200 m in Richtung Dorfkern folgen. Noch vor Erreichen der Bar bzw. Kirche zweigen wir nach rechts auf einen Treppenweg ab, der steil zwischen den Häusern emporsteigt. Nach dem Überqueren einer Asphaltpiste führt er entlang Terrassenfeldern weiter.

Malerische Terrassenfelder um den Weiler La Culata

Einige Minuten später erreichen wir neuerlich eine Asphaltstraße, die wir 200 m lang nach rechts entlangspazieren. Nun auf einer links abzweigenden Betonpiste zur **Finca La Palmita**. Von dort steigen wir in zahlreichen Serpentinen aufwärts. Neben der Quelle **Fuente del Ancón** queren wir den Talgrund. Etwa 2 Min. später halten wir uns rechts und gehen unter einem Wasserkanal hindurch. Nach 10 Min. steilen Anstiegs erreichen wir fast die Straße zum Cruz de Tejeda. Kurz davor biegen wir rechts in einen Steinweg ein, der steil am Westhang des **Andén del Toro** (1733 m) emporleitet. Bei einer zugemauerten Höhle lenken mehrere Stufen abwärts. An einer Gabelung halten wir uns rechts, am Zaun einer Finca entlang. In lichtem Kiefernwald kreuzen wir zwei zur Campingzone **Corral de los Juncos** führende Pisten. Etwa 5 Min. später schwenken wir auf einen Fahrweg nach rechts. Am Freizeitcamp Llanos del Garañón vorbei kommen wir zu der vom Hinweg bekannten Wegkreuzung und kehren auf der bekannten Piste nach Las Mesas zurück.

Durch die Caldera de Tejeda

15

Blühende Mandelhaine zu Füßen des Nebelfelsens: Tejeda – Cruz de Timagada – La Culata – Tejeda

Tourencharakter: Abwechslungsreiche, leichte Wanderung auf guten Wegen.
Beste Jahreszeit: Ganzjährig. Am schönsten zur Zeit der Mandelblüte Ende Januar–Anfang März.
Ausgangs-/Endpunkt: Ortszentrum von Tejeda.
Wanderkarten: Kompass-Wanderkarte 237 Gran Canaria, 1:50 000. Mapa de las Carreteras del Cabildo Insular, 1:65 000.
Markierung: An der Straße Hinweisschilder, Tafel an der Abzweigung, sonst keine.
Verkehrsanbindung: Die Buslinien 18 (Playa del Inglés – Cruz de Tejeda) und 305 (Las Palmas – San Mateo – Tejeda) verbinden die Küstenorte mehrmals täglich mit dem Ausgangspunkt. Mit dem Pkw am schnellsten ab Las Palmas über die GC 811 (42 km) oder ab Playa del Inglés durch das Tal von Fataga und über die GC 815/811 (45 km).
Einkehr: Bar in La Culata, Bars und Gasthäuser in Tejeda.
Unterkunft: Landhäuser, Pension und Herberge in Tejeda; Hotel am Cruz de Tejeda.
Tourist-Info: Infopoint im Museo Abraham Cárdenes, C/ Leocadio Cabrera 3, 35360 Tejeda, Tel. 928/66 61 89.

leicht
10 km
3 Std.
↑300 m ↓300 m
ja

Tejeda ist der zentrale Bergort im Herzen Gran Canarias. Seine Mandelhaine sind viel gerühmt – sie liefern den Rohstoff für köstliche Leckereien. Die Region um das Dorf wird seit Jahrhunderten bewirtschaftet und von bäuerlicher Tätigkeit geprägt. Die Wanderung führt uns durch diese eindrucksvolle Kulturlandschaft.

Idylle abseits der Touristenströme

15

Der Wegverlauf

Vom **Zentrum** Tejedas wandern wir zur Tankstelle am südlichen Ortsausgang und folgen der Straße Richtung Ayacata. Nach knapp 20 Min. zweigen wir in einer scharfen Rechtskurve links ab. Hier weist eine Tafel auf den **Themenweg** »Trekking del Nublo« hin, der in Zukunft über die Kulturlandschaft um Tejeda informieren soll.

Wir folgen einer Piste, von der nach etwa 125 m ein Camino Real steil den Berghang rechts emporsteigt und passieren die Häuser des Weilers **Casas del Lomo**. Zu unserer Rechten scheint der sagenumwobene Roque Bentaiga zum Greifen nahe. Nach weiteren 1600 m erreichen wir eine Weggabelung, an der wir uns rechts halten. Es beginnt der Aufstieg auf die Hochebene **Cruz de Timagada**, die wir nach ca. 1 Std. ab Tejeda erreichen.

Bei der Rast an einem der beiden Kreuze lässt sich dann der Ausblick über die Caldera de Tejeda richtig genießen. Wir kehren zur Weggabelung zurück und folgen nun dem Pfad nach rechts in östlicher Richtung. Der Weg umgeht in einem weiten Halbkreis das Roque Nublo-Massiv. Für etwa 20 Min. geht es beständig leicht bergauf, danach beginnt sich die Route zu senken. Ein kleiner Bach wird auf einer Brücke überwunden und nach einem kurzen Aufstieg zwischen neuer Sporthalle und Gesundheitszentrum stehen wir an der Dorfstraße von **La Culata.**

Im Dorf folgen wir der Straße in Richtung Norden. An der kleinen Kirche vorbei kommen wir nach etwa 850 m zum Eingang der Finca Gran Chaparral. Noch 100 m geht es auf der Asphaltstraße weiter, bis links ein steingepflasterter Weg abzweigt. Nach 100 m mündet dieser alte Königsweg in eine Piste, auf der wir nach

15

Tipp

Die **Dulceria Nublo** in Tejeda (Hernandez Guerra 15, Tel. 928/66 60 30 oder 66 64 25) ist das Mekka aller Schleckermäuler. Hier werden die Mandeln aus der Region zu köstlichen Bäckereien und Süßspeisen verarbeitet. Marzipan, Mandelkuchen, gebrannte Mandeln und der inseltypische Bienmesabe lassen nicht nur Kinderherzen höher schlagen!

rechts wandern, um nach 50 m erneut auf den **Camino Real** zu wechseln. Er zweigt scharf rechts ab, berührt nach ca. 5 Min. nochmals die Piste und setzt sich gleich wieder rechts fort. Nach weiteren 6 Min. zweigen wir links ab, biegen allerdings gleich rechts ein und queren den Talgrund. An dichtem Schilfrohr geht es weiter abwärts, nach knapp 10 Min. kreuzt der Weg erneut das Bachbett. Bald ist nun eine Piste erreicht, die in etwa 250 m zur Straße Tejeda – Ayacata führt, auf der wir zum Ausgangspunkt zurückkehren.

Saftige Orangen kann man überall frisch genießen.

16 Rund um den Roque Nublo

Der sagenumwobene Kultfelsen der Altkanarier: La Goleta – Roque Nublo – Degollada Blanca – La Goleta

- leicht
- 5 km
- 2 Std.
- ↑220 m ↓220 m
- ja

Tourencharakter: Nur beim Anstieg zum Roque Nublo kurzer steiler Abschnitt.
Beste Jahreszeit: Ganzjährig.
Ausgangs-/Endpunkt: La Goleta (1578 m), Passhöhe oberhalb des Weilers Ayacata.
Wanderkarte: Kompass-Wanderkarte 237 Gran Canaria, 1:50 000.
Markierung: Farbige Zeichen an Felsen und Steinen, ansonsten keine.
Verkehrsanbindung: Keine Busse. Mit dem Pkw in ca. 3 km ab Ayacata (Abzweigung zum Roque Nublo beschildert) auf die Passhöhe, begrenzte Parkmöglichkeiten. Über guten Camino Real auch zu Fuß in knapp 1 Std. von Ayacata (→ **Tour 18**).
Einkehr: Keine. In La Goleta meist mobiler Kiosk mit Getränken und kleinen Snacks.
Unterkunft: In der näheren Umgebung nur einfache Landhäuser, weitere Unterkünfte in Tejeda und allen Talorten.
Tourist-Info: Infopoint im Museo Abraham Cárdenes, C/ Leocadio Cabrera 3, 35360 Tejeda, Tel. 928/66 61 89.

Wie ein gigantischer Felsfinger erhebt sich der **Roque Nublo** (1813 m) am Rande der Caldera de Tejeda. Der Koloss galt den Ureinwohnern Gran Canarias als heiliger Ort. Und bis heute ist er überaus beeindruckend – im einen Moment noch zartrosa in der Sonne leuchtend, macht er schon im nächsten seinem Namen »Nebelfelsen« alle Ehre.

Der Wegverlauf

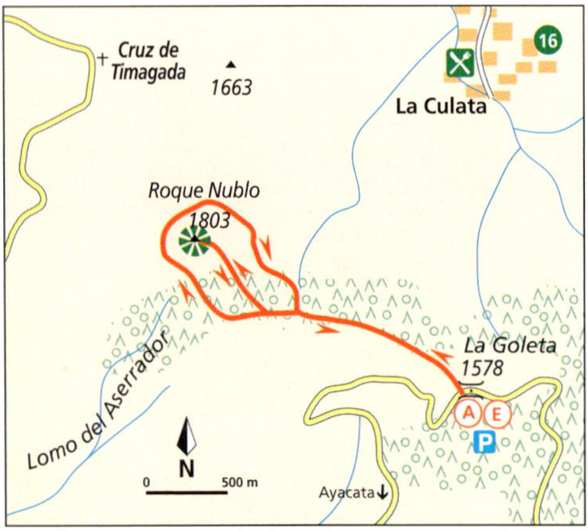

Vom Parkplatz **La Goleta** wählen wir den breiten Fußweg, der direkt auf den Roque Nublo zuführt. In sanftem Anstieg queren wir einen Hang und genießen den Ausblick. Links unten im Tal liegt das Bergdorf Ayacata, dessen weiß getünchte Häuser sich um die kleine Kirche gruppieren.
Langsam wird der Weg etwas steiler, und noch vor dem Nebelfelsen ragt links davon sein kleinerer Bruder

16

Tipp

Wahrscheinlich standen schon die wagemutigsten der Altkanarier auf seinem Gipfel. Doch in die Alpinchroniken ging der Nebelfelsen erst 1932 ein. Drei deutsche Ingenieure erreichten am 20. Juni seinen höchsten Punkt. Bis heute werden die Wände des Nublo und anderer Granitriesen um Ayacata und am Tamadaba gerne von Kletterern besucht. Infos zu Routen und deren Schwierigkeitsgrad bei der Federación Canaria de Montañismo, Grupo Montañero Gran Canaria, Guillermo Santana Rivero 1, Las Palmas, Tel. 928/42 74 75.

Roque Fraile auf, der »Mönchsfelsen«. In der Tat erinnert dieser schlanke Fels an einen Mönch, der sich eng in seine Kutte hüllt. Nach etwa 20 Min. kommen wir an eine Weggabelung und gehen durch einen Kiefernwald mit imposanten Felsen links aufwärts. Nach weiteren 10 Min. ist die Einsattelung Las Palomas erreicht. Hier hält man sich rechts (Hinweispfeil auf die Felsen gemalt) und strebt durch felsiges Gelände und über Steintreppen dem rötlich schimmernden Sockel des Nebelfelsens zu. Nur noch 65 Höhenmeter trennen uns am Plateau vom Gipfel des **Roque Nublo**. Ganz oben zu stehen bleibt allerdings Kletterern vorbehalten.

Nach ausgiebiger Rundschau vom Sockel, bei der wir auch den froschförmigen Felsen **Roque Rana** erkennen werden, kehren wir zur Einsattelung Las Palomas zurück. Hier folgen wir nicht dem Aufstiegsweg, sondern halten uns rechts und kommen nach etwa 1 Std. zu einer von Seitenmauern eingefassten Gabelung. Auch hier gehen wir rechts. Der Weg beschreibt einen weiten Halbkreis um den Nebelfelsen. Immer wieder eröffnen sich herrliche Ausblicke auf den Westen Gran Canarias. Nach 1:20 Std. kommen wir zur **Degollada Blanca**. Ein kurzer Abstecher (15 Min.) leitet zum Mirador Risco de la Fogalera hinüber, Tejeda liegt uns zu Füßen.

Wir setzen die Umrundung fort und ignorieren einen Trampelpfad, der linker Hand nach La Culata hinunterführt. In beständigem Auf und Ab leitet der Weg uns um die Ostflanke des Nublo, um schließlich zur Gabelung unterhalb des Roque Fraile anzusteigen. Von hier folgen wir dem bereits bekannten Anstiegsweg zurück zur Straße bei La Goleta.

Der wandernde Schatten des Nebelfelsens wird in einem Volkslied besungen.

17 Vom Roque Bentayga nach El Carrizal

Entlegene Weiler und wilde Schluchten: Casas de Umbría – Roque Bentayga – El Carrizal – El Aserrador

anspr.

17 km

6 Std.

↑850 m
↓720 m

Tourencharakter: Lange Wanderung mit beträchtlichen Höhenunterschieden.
Beste Jahreszeit: März–Oktober.
Ausgangspunkt: Casas de Umbría.
Endpunkt: El Aserrador.
Wanderkarten: Kompass-Wanderkarte 237 Gran Canaria, 1:50 000. Mapa de las Carreteras del Cabildo Insular, 1:65 000.
Markierung: An der Straße Hinweisschilder, sonst keine.
Verkehrsanbindung: Die Buslinie 18 verbindet Playa del Inglés mehrmals täglich mit dem Ausgangspunkt. Mit dem Pkw am schnellsten durchs Tal von Fataga und über die GC 815/811.
Einkehr: Bars in Casas de Umbría, El Carrizal und im Centro de Interpretación am Roque Bentayga.
Unterkunft: Landhäuser, Pension und Herberge in Tejeda.
Tourist-Info: Infopoint im Museo Abraham Cárdenes, C/Leocadio Cabrera 3, 35360 Tejeda, Tel. 928/66 61 89.

Im Herzen Gran Canarias gibt es noch abgeschiedene Weiler, in denen die Zeit fast stillsteht. Doch beinahe alle Bewohner sind ältere Menschen; die Jungen sind abgewandert und kommen nur mehr am Wochenende oder in den Ferien.

Erst 1998 wurde El Carrizal durch ein Asphaltsträßchen erschlossen.

Der Wegverlauf

Von der Häusergruppe **Casas de Umbría** wählen wir die zum Roque Bentayga beschilderte Asphaltstraße, die nach 500 m an der Kreuzung nach links führt. 300 m weiter zweigt links ein Camino Real ab.

Die Tour folgt jedoch sogleich dem Königsweg, auf dem wir uns an einer Gabelung nach 50 m rechts halten. In westlicher Richtung abwärts, über eine Asphaltpiste und an einem verwitterten Felsen vorbei mit einem Kreuz auf der Spitze. Nach einem kurvenreichen Abstieg gelangen wir zu einer Straße, die uns rasch in den Weiler **El Espinillo** bringt. An den letzten Häusern geht die Straße erneut in einen Königsweg über. An bizarr verwitterten Felsen entlang, steigen wir in den Barrancogrund hinunter, den wir noch vor dem Dörfchen **La Solana** queren.

17

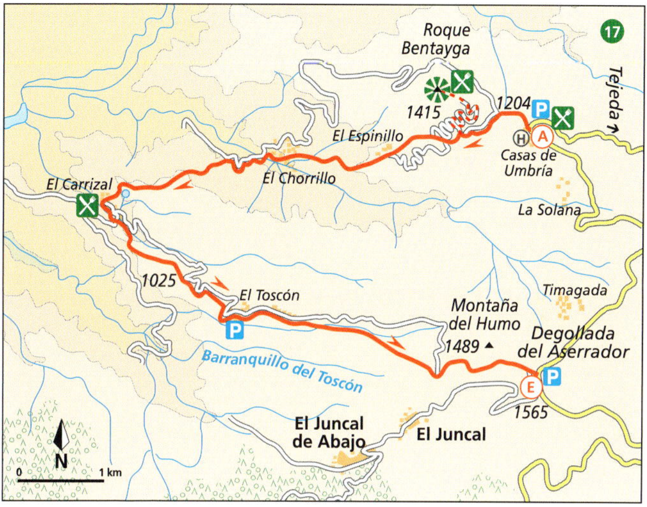

Vom Dorfplatz führt ein Weg zu einer Asphaltpiste, der wir nach links folgen. Wir gehen über eine Brücke und steigen nach **El Chorrillo** auf. Schon an den ersten Häusern bringen uns Stufen 50 m hangaufwärts; oben angekommen halten wir uns rechts. Bald windet sich der Weg zwischen zwei Häusern hindurch und in vielen Serpentinen den Hang hinauf. Nach einem Holzkreuz und einer erfrischenden Quelle kommen wir bald zu den ersten Häusern von **El Carrizal**. Der Camino geht in eine Piste und schließlich in eine Asphaltstraße über, die ins Zentrum hineinführt.

Wir folgen nun der Dorfstraße etwa 200 m nach Osten, halten uns hier rechts und nach 100 m links. Etwa 30 Min. später erreichen wir wieder die Straße, spazieren aber gleich auf dem Königsweg weiter. Noch mehrmals kreuzen wir die Straße, doch ein Königsweg gibt immer wieder die Möglichkeit, dem Asphalt auszuweichen. Wir erreichen die Streusiedlung **El Toscón** und kommen zu einer Quelle in einem weiß getünchten Felsen (leicht zu übersehen!).

Schräg gegenüber beginnt ein Königsweg, der mäßig steil in den Barrancogrund hinabführt und auf die andere Hangseite leitet. Mehrere Kehren winden sich zur Straße hinauf, auf der wir nach ca. 1,5 km die **Degollada del Aserrador** erreichen.

18 Von Ayacata nach Cruz Grande

Kunstvollster Königsweg durch das Zentralmassiv: Ayacata – Llanos de Garañón – Los Hornos – Cruz Grande

mittel

9 km

3 Std.

↑450 m ↓500 m

Tourencharakter: Eindrucksvolle Wanderung auf einem der schönsten Königswege Gran Canarias. Schwindelfreiheit an einigen Passagen von Vorteil.
Beste Jahreszeit: März–Oktober.
Ausgangspunkt: Ayacata.
Endpunkt: Cruz Grande (1250 m).
Wanderkarten: Kompass-Wanderkarte 237 Gran Canaria, 1:50 000. Mapa de las Carreteras del Cabildo Insular, 1:65 000.
Markierung: Steinmännchen und weiße Markierungspunkte.
Verkehrsanbindung: Die Buslinie 18 verbindet die Küstenorte im Süden mehrmals täglich mit dem Ausgangspunkt. Mit dem Pkw am schnellsten ab Playa del Inglés durch das Tal von Fataga und über die GC 815/811.
Einkehr: Bars und Restaurants in Ayacata, unterwegs keine.
Unterkunft: Keine.
Tourist-Info: Centro Insular de Turismo, C.C. Yumbo, 35100 Playa del Inglés, Tel. 928/77 15 50.

Die Klippen westlich des Pico de las Nieves galten bis in das 19. Jh. als unüberwindlich. Doch nun verbindet ein genial angelegter Königsweg das Herz der Cumbre mit der wichtigen Wegkreuzung Cruz Grande.

Der Wegverlauf

Von der Straße zum Pico de las Nieves zweigt 20 m oberhalb der Dorfkirche von **Ayacata** links eine Betonpiste ab, die wenig später in einen Erdweg übergeht. Zwischen Häusern hindurch leitet uns dieser Weg bald erneut zur Straße, die wir hinter einer Steinmauer sogleich wieder verlassen. Wir gehen rechts an einem verschlossenen Tor vorbei und folgen einem Pfad, der parallel zu einer privaten Piste verläuft. Wenig später queren wir diese an einem Gehöft und wandern weiter aufwärts. An einer Häusergruppe kommen wir wieder zur Straße und folgen ihr 100 m nach links. Hinter Haus Nr. 49 über schmale Stufen aufwärts. Nach 400 m erreichen wir nochmals die Fahrbahn, die uns 200 m hinaufführt. Nun zweigt links ein gepflasterter, von Steinmauern flankierter Weg ab, der uns in kurzer Zeit zum Parkplateau **La Goleta** bringt (→ **Tour 16**).

Höhlenbehausung am Wegesrand

18

Auf der Straße wandern wir 400 m ostwärts und gelangen zur Aussichtsplattform **Cruz de Juan Pérez**. Auf einem schönen Königsweg geht es hinunter zur **Presa de los Hornos**. Nachdem wir die Staumauer überschritten haben, gelangen wir in 15 Min. auf eine Hochebene, auf der wir in eine Erdpiste nach rechts einbiegen. Nochmals zweigen wir rechts ab und erreichen die Straße Ayacata – Pico de las Nieves. Auf ihr gehen wir 650 m nach rechts und finden auf der linken Straßenseite einen etwas von der Fahrbahn zurückgesetzt beginnenden Weg. Der treppenartig angelegte Pfad leitet südwärts durch felsiges Gelände aufwärts.

Nach 15 Min. markiert ein Betonpfosten den Sattel **Los Hornos**. Links geht es hier zum Pico de las Nieves (→ **Tour 22**), doch wir bleiben auf dem breiten Königsweg, der durch lichten Kiefernwald sanft abfällt. Wir wandern in südwestlicher Richtung weiter und passieren mehrere Höhlen. An der Ebene **Pargana** beginnt der spektakulärste Teil der Wanderung.

Vorbei an zwei in den Fels geschlagenen Staubecken kommen wir zur Steilstufe **Paso de la Plata**. Der Camino Real krallt sich in unzähligen engen Kehren an den Steilabfall. Der Ausblick ist atemberaubend; winzig erscheinen die Häuser im Tirajana-Tal. Nur kurz flacht der Weg ab, sogleich geht es wieder in die Tiefe. An einem einzelnen Gehöft rasten wir auf einem mit drei Kreuzen geschmückten Sitzplateau. Eine Piste mit Geländer leitet uns nun schnell zum **Cruz Grande** hinab.

19 Von Cruz Grande nach Soria

Zu den großen Stauseen des Südens: Cruz Grande – El Dinero – El Sordo – Cercados de Araña – Soria

mittel
16 km
4 Std.
↑50 m ↓700 m
ja

Tourencharakter: Abwechslungsreiche Wanderung. Der Abstieg vom Lomo de La Palma nach Soria ist sehr steil. Nach starken Winterregenfällen ist der Weg an den Stauseen möglicherweise unpassierbar.
Beste Jahreszeit: März–Oktober.
Ausgangspunkt: Cruz Grande (1250 m).
Endpunkt: Soria.
Wanderkarten: Kompass-Wanderkarte 237 Gran Canaria, 1:50 000. Mapa de las Carreteras del Cabildo Insular, 1:65 000.
Markierung: An den Königswegen Steinmännchen und weiße Markierungspunkte.
Verkehrsanbindung: Die Buslinie 18 verbindet die Küstenorte im Süden mehrmals täglich mit dem Cruz Grande. Mit dem Pkw am schnellsten ab Playa del Inglés durch das Tal von Fataga und über die GC 815. Rückkehr von Soria nach Cruz Grande nur mit dem Taxi (vorherige Vereinbarung nötig), es gibt keinen Bus.
Einkehr: Bars in Cercados de Araña und Soria.
Unterkunft: Ferienanlage und Fincas in Cercados de Araña, Camping nach Voranmeldung am Chirastausee.
Tourist-Info: Centro Insular de Turismo, C.C. Yumbo, 35100 Playa del Inglés, Tel. 928/77 15 50.

Diese Tour führt durch eine der malerischsten Landschaften des Südens. Von den Kiefernwäldern südlich des Cruz Grande geht es hinunter zu den schönsten Stauseen mit ihren Palmenhainen und romantischen Picknickplätzen. Viele Stellen laden zu einer erholsamen Rast ein.

Eindrucksvolle Bergwelt am Pass El Dinero

Der Wegverlauf

An der Westseite des Felsdurchbruchs von **Cruz Grande** leitet eine Piste in südwestliche Richtung sanft ansteigend in knapp 20 Min. zum Pass **El Dinero** (1258 m). An der Einsattelung halten wir uns rechts auf einem von Steinmauern flankierten Königsweg und wandern auf den Morro del Guirre zu. Eine Wegabzweigung lassen wir links liegen und beginnen noch an der Ostflanke des Berges mit einem steileren Abstieg. Nach etwa 1 Std. Gehzeit eröffnet sich am Pass **Chó Benito** ein erster Blick auf den Chirastausee. Nun führt die

19

Route am Bergkamm entlang. Wir passieren eine undeutliche Einsattelung und gehen in einem weiten Bogen nördlich um den Alto de Chó Eusebio herum.

Unser nächstes »Etappenziel« ist der Pass **El Sordo** (1115 m) zu Füßen des Morro de la Hierba Huerto. Hier treffen wir auf eine markante Weggabelung. Während links der Weg zum Pass Los Helechos abzweigt (→ **Tour 20**), wandern wir geradeaus weiter. Wir gehen um die Nordflanke des Morro de la Hierba Huerto herum und steigen auf einem Königsweg über seinen Westhang ab. Immer wieder eröffnen sich schöne Tiefblicke auf den Stausee von Chira. Gegen Ende dieses Abstiegs gelangen wir zu einer kleinen Piste, die uns zur Straße in den Weiler **Cercados de Araña** hinunterbringt.

Wir wenden uns auf der Straße nach rechts und erreichen nach etwa 900 m die Staumauer und ein angrenzendes Freizeitgelände. Die knapp 2 km bis ins Ortszentrum von **Cercados de Araña** legen wir auf der Straße entlang des Stausee-Ostufers zurück. Nachdem wir den Ort durchquert haben, steigt eine Piste in langen Kehren in Richtung **Lomo de la Palma** auf. An einer Weggabelung halten wir uns links und passieren die malerischen, aber mittlerweile unbewohnten Häuser von La Palma. Wir erreichen den Bergkamm. Nun geht es der Presa de Soria entgegen. Durch den markanten Felsdurchbruch des **Paso de la Galana** kommen wir in einen Steilhang, über den sich der Weg nicht gerade knieschonend zum Staudamm hinunterwindet. Wir ignorieren den links einmündenden Weg, gehen über die Staumauer und steigen in wenigen Minuten nach **Soria** auf.

20 Von Cruz Grande zum Pass Los Helechos

Einsame Runde durch den Naturpark Pilancones: Cruz Grande – El Sordo – Los Helechos – Cruz Grande

mittel

26 km

7 Std.

↑350 m
↓350 m

Tourencharakter: Ausgedehnte Rundwanderung, zum Großteil auf Forstpisten und befestigten Wegen. Obwohl nur geringe Höhenunterschiede überwunden werden, ist die Tour aufgrund ihrer Länge ziemlich anstrengend. Unbedingt ausreichend Trinkwasser mitnehmen!
Beste Jahreszeit: Ganzjährig, im Sommer sehr heiß.
Ausgangs-/Endpunkt: Cruz Grande (1250 m).
Wanderkarten: Kompass-Wanderkarte 237 Gran Canaria, 1:50 000. Mapa de las Carreteras del Cabildo Insular, 1:65 000.
Markierung: An manchen Kreuzungspunkten Hinweistafeln des Naturparks Pilancones, sonst keine.
Verkehrsanbindung: Die Buslinie 18 pendelt mehrmals täglich zwischen den Küstenorten im Süden und dem Cruz Grande. Mit dem Pkw am schnellsten ab Playa del Inglés durch das Tal von Fataga und über die GC 815.
Einkehr: Keine.
Unterkunft: Pension und Hotel in San Bartolomé de Tirajana.
Tourist-Info: Centro Insular de Turismo, C.C. Yumbo, 35100 Playa del Inglés, Tel. 928/77 15 50.

Diese Tour entführt uns in eine der einsamsten Ecken Gran Canarias. Wir erleben eindrücklich alle Facetten des typischen Kanarenkiefernwaldes. Und ständig umgibt uns der Duft des Harzes, der noch lange nach der Wanderung an uns haften bleibt.

Der Wegverlauf

Vom **Cruz Grande** folgen wir zunächst wie in →**Tour 19** der Forstpiste zum Pass **El Dinero** und anschließend dem Königsweg über die Einsattelung Chó Benito zum Pass **El Sordo**. Bis hierher sind wir knapp 1:30 Std. unterwegs. Während der Weg zum

Impressionen aus dem Naturpark Pilancones

Chira-Stausee geradeaus weiterführt, halten wir uns an dieser wichtigen Weggabelung links.

Durch lichten Kiefernwald geht es nun ohne nennenswerte Höhenunterschiede über den Osthang der **Montana de las Tórtolas**. Ruhig ist es hier im Wald. Wenn wir nicht gerade anderen Wanderern begegnen, sind wir alleine mit der Natur. Gelegentlich unterbrechen Vogelstimmen die Stille oder das laute Klopfen eines Kanaren-Buntspechts ertönt aus der Krone einer alten Kiefer.

Unser Weg leitet schließlich an der Ostflanke des **Los Cercados** in südlicher Richtung abwärts. An der Passhöhe **Los Helechos**, dem »Pass des Farns«, treffen wir auf eine Piste, der wir nach links folgen. Zunächst in nördlicher, später in nordwestlicher Richtung durchwandern wir den Westrand der Caldera de Ayagaures. Die Atmosphäre des Kiefernwaldes nimmt uns nun völlig gefangen. Der Weg ist zwar lang, stellt aber durch die geringen Höhenunterschiede nur wenig körperliche Anforderungen. Wir haben genug Zeit, die Natur um uns in Ruhe zu genießen.

Nach 11 km in beständigem Auf und Ab erreichen wir nach etwa 5:30 Std. eine Pistengabelung. Wir gehen nach links, nun allmählich etwas steiler aufwärts und erreichen bald die Piste, die von der **Degollada de la Manzanilla** herüberzieht (→ **Tour 21**). Am Kreuzungspunkt weist eine Tafel letztmalig auf den Naturpark Pilancones hin. Wir wenden uns abermals nach links und erreichen in wenigen Minuten die schon bekannte Passhöhe El Dinero. Beim kurzen Abstieg nach Cruz Grande genießen wir einen malerischen Ausblick auf das Inselinnere und die massigen Felsen am Paso de la Plata.

21 Rundwanderung ab San Bartolomé

Panoramablicke und duftende Kiefernwälder: San Bartolomé – La Manzanilla – Cruz Grande – San Bartolomé

mittel

14 km

4 Std.

↑370 m ↓370 m

ja

Tourencharakter: Rundwanderung mit zahlreichen Panoramablicken. Auf Forstpisten und befestigten Wegen sowie auf vorbildlich restauriertem Königsweg.
Beste Jahreszeit: Ganzjährig, im Sommer recht heiß.
Ausgangs-/Endpunkt: San Bartolomé de Tirajana.
Wanderkarten: Kompass-Wanderkarte 237 Gran Canaria, 1:50 000. Mapa de las Carreteras del Cabildo Insular, 1:65 000.
Markierung: Straßenschilder, an manchen Kreuzungspunkten Hinweistafeln des Naturparks Pilancones, am Königsweg Steinmännchen.
Verkehrsanbindung: Die Buslinie 18 verbindet die Küstenorte im Süden mehrmals täglich mit San Bartolomé de Tirajana. Mit dem Pkw am schnellsten ab Playa del Inglés durch den Barranco de Fataga.
Einkehr: Bars in San Bartolomé de Tirajana.
Unterkunft: Pension und Hotel in San Bartolomé de Tirajana.
Tourist-Info: Centro Insular de Turismo, C.C. Yumbo, 35100 Playa del Inglés, Tel. 928/77 15 50.

San Bartolomé de Tirajana ist das wichtigste Verwaltungszentrum des Inselsüdens. Schon vor dem Bau der Straße durch den Barranco de Fataga führten zahlreiche Wege von allen Dörfern und Weilern in dieses Zentrum. Dementsprechend dicht war auch das Wegenetz rund um den Ort. Auf unserer Tour folgen wir einigen dieser alten Verbindungsrouten, die heute bei Wanderern außerordentlich beliebt sind. Teilweise wurden die ehemaligen Königswege in Forstpisten umgewandelt, doch ein Teilstück dieser Runde zählt zu den schönsten Vertretern dieser Wegart.

Anstieg zur Degollada de la Manzanilla

Der Wegverlauf

Im Zentrum von **San Bartolomé** steigen wir über eine breite Granittreppe neben dem Hostal Santana aufwärts. Sogleich queren wir eine Straße und spazieren am Centro de Salud vorbei. Nach wenigen weiteren Stufen biegen wir links in die Calle Bellavista ein, die

21

Tipp

Auf einem Hügel oberhalb von San Bartolomé liegt das luxuriöse Hotel **Las Tirajanas** (C/Oficial Mayor de Tirajana José Rubio, Tel. 928/12 30 00). Das rustikal-elegante Landhaus bietet jeden Komfort: Garten, Aussichtsterrasse mit Traumblick, Pool und Tennisplätze. Zudem ist es ein idealer Ausgangspunkt für Wanderungen in der Region um San Bartolomé.

Fußgängern vorbehalten bleibt. An Häusern mit Blumenschmuck und einigen Ziegenställen vorbei, erreichen wir eine Asphaltstraße, in die wir links abzweigen. 100 m geht es nun geradeaus, eine Aussichtsterrasse und die Zufahrt zum neuen Hotel (→ **Tipp**) werden passiert. Noch etwas mehr als 200 m bleiben wir auf dem Asphalt und biegen dann rechts in den **Camino del Pinar** (Straßenschild) ein.

Der erdige Fahrweg, der von hohen Drahtzäunen begleitet wird, stößt nach etwa 100 m auf eine Schotterpiste, der wir nach links folgen. Sie leitet sanft ansteigend auf die landwirtschaftliche Anlage **Granja** zu, die sich bald auch der Nase deutlich bemerkbar macht – unverkennbar der süßlich-faulige Geruch eines Schweinemastbetriebs. Am Portal des Hofes vorbei kommen wir an eine unübersichtliche Wegkreuzung, an der wir der Hauptpiste folgen (undeutlichere Abzweigungen ignorieren). Sie wendet sich bald darauf nach links und zieht schräg den Hang hinauf.

Der mit Schotter durchsetzte Steilhang, den wir traversieren, ist für Pflanzenfreunde besonders interessant. Zu jeder Jahreszeit gibt es hier Spannendes zu entdecken: Ende Januar blühen die Mandelbäume in zartem Rosa, danach folgt der Lavendel mit seinem stumpfen Violett und köstlichen Blütenduft. Im Frühsommer taucht Ginster die Landschaft in strahlendes Gelb und im Herbst mit erneutem Einsetzen der Regenfälle erblühen viele Pflanzen, die nur auf den

21

Kanaren vorkommen. Besonders auffällig sind die Aeonien, deren dichte Blattrosetten direkt am Boden wachsen, bei anderen Arten wiederum auf langen Stämmen sitzen.

Der breite Weg führt in einem weiten Bogen um den Westhang des Morro de las Vacas herum und bringt uns nach 1:20 Std. Gehzeit zu einem gewaltigen Felsüberhang, der gelegentlich von Wanderern als Unterschlupf genutzt wird. Wenig später kommen wir zur Quelle **Fuente del Solapón**, an der inmitten der kargen Bergvegetation üppig grüne Binsen gedeihen. Vor dem nächsten Anstieg gönnen wir uns hier eine kurze Verschnaufpause und genießen den schönen Ausblick nach Südosten.

Der Pfad windet sich nun in mehreren Kehren zu einer Einsattelung, der **Degollada de la Manzanilla** (1182 m) hinauf. Der »Kamillenpass« ist ein wichtiger Kreuzungspunkt alter Verbindungswege. Südwärts geht es über den Pass El Gigante nach Arteara (→ **Tour 30**), ein steiler Pfad leitet hinunter in die Caldera de Ayagaures (→ **Tour 23**). Die Aussicht ist überwältigend: Ostwärts schweift der Blick über das Tal von Tirajana, im Westen liegen die weiten Kiefernwälder des Naturparks Pilancones (→ **Tour 20**). Ein leicht verwittertes Schild weist auf die Grenze dieses Schutzgebietes hin.

Wir halten uns am Pass rechts und folgen einer Forstpiste, die in nördlicher Richtung die Westflanke des **Morro de las Vacas** (1433 m) durchzieht. Nach etwa 1 km zweigt rechts eine schmale Steinrampe ab, die uns einen Abstecher auf seinen Gipfel erlaubt (nur mäßige Aussicht). Der weitere Weg leitet uns ohne stärkere Höhenunterschiede durch die mitunter steil abfallenden Hänge. Der Unterwuchs im lichten Kiefernwald ist relativ spärlich, nur der Kanarische Salbei ist allgegenwärtig. Ähnlich wie die verwandte Gartenform wird diese Pflanze für Heilzwecke genutzt, ihre ätherischen Öle wirken stark entzündungshemmend und antibakteriell.

In einem tiefer eingeschnittenen Tal wendet sich die Piste für kurze Zeit nach Süden und führt uns in weitem Bogen um einen Ausläufers des **Morro de la Cruz Grande** herum. Doch bald bewegen wir uns wieder in nördliche Richtung und sehen links tief unter uns eine Piste, die sich nach gut 2:30 Std. mit unserer bisherigen vereint. 600 m weiter treffen wir auf den Pass **El Dinero**, einen weiteren wichtigen Schnittpunkt von Pisten und Königsweg (→ **Touren 19, 20**). Wir folgen der sanft abfallenden Piste nach Norden und erreichen in etwa 20 Min. **Cruz Grande**, den auffälligen Felsdurchbruch mit dem nahe gelegenen Forsthaus. Von der Westseite des Durchbruchs queren wir über die Straße auf seine Ostseite und biegen wenige Schritte nach dem Durchstich rechts in eine Forstpiste ein, die für Fahrzeuge gesperrt ist. An einer Linkskurve zweigen wir rechts in einen Camino Real ab.

Dieser Abschnitt gilt als eines der schönsten Beispiele für einen restaurierten Königsweg. Er ist fast durchgehend steingepflastert und an exponierteren Stellen zum Schutz vor Erosion mit Seitenmäuerchen versehen. Die Wegführung ist genial. Nur selten gilt es, steilere Abstiege zu überwinden. Immer wieder genießen wir malerische Ausblicke auf die Caldera de Tirajana und den Pico de las Nieves. Vom eigentlichen Königsweg zweigen immer wieder undeutliche Trampelpfade ab, doch bleiben wir stets auf dem deutlich erkennbaren Hauptweg.

An der Passhöhe trotzen Kiefern Wind und Trockenheit.

Beim Abstieg passieren wir eine Quelle, die zu einer letzten Rast einlädt. Am markanten Felsen **Roquillo** beginnen wir das letzte, etwas steilere Stück, das uns in mehreren engen Kehren schnell dem Ziel näher bringt. Hier wurden am Wegesrand auch einige Rastbänke angelegt. Nach 10 Min. ist der Abstieg überstanden und die umgebenden Orangen- und Mandelbäume zeigen deutlich, dass wir wieder das Kulturland von **San Bartolomé** erreicht haben.

Bald kommen wir auf eine Asphaltpiste, der wir geradeaus folgen. 200 m weiter treffen wir auf eine Straße, die uns nach links führt. Erstaunlich steil geht es nun hinunter zur Hauptstraße von San Bartolomé, die wir nach 300 m erreichen. Hier halten wir uns rechts und sind in wenigen Minuten wieder im Zentrum des Ortes.

22 Über den Pico de las Nieves

Auf den höchsten Gipfel Gran Canarias: Cruz Grande – Los Hornos – Pico de las Nieves – Santa Lucía

anspr.	
19 km	
6 Std.	
↑700 m	↓1250 m
nein	

Tourencharakter: Gewaltiger Höhenunterschied und sehr steiler Abstieg. Trittsicherheit und Schwindelfreiheit erforderlich.
Beste Jahreszeit: März–Oktober.
Ausgangspunkt: Cruz Grande (1250 m).
Endpunkt: Santa Lucía.
Wanderkarten: Kompass-Wanderkarte 237 Gran Canaria, 1:50 000. Mapa de las Carreteras del Cabildo Insular, 1:65 000.
Markierung: An den Königswegen Steinmännchen und weiße Markierungspunkte.
Verkehrsanbindung: Buslinie 18 mehrmals täglich zwischen den Küstenorten im Süden und dem Cruz Grande. Mit dem Pkw am schnellsten ab Playa del Inglés durch das Tal von Fataga und über die GC 815. Die Rückkehr von Santa Lucía nach Cruz Grande mit der Buslinie 34 bis San Bartolomé de Tirajana und weiter mit der Linie 18.
Einkehr: Bars in San Bartolomé de Tirajana, Imbissstand am Mirador Pico de las Nieves, Bars und Restaurants in Santa Lucia.
Unterkunft: Pension und Hotel in San Bartolomé de Tirajana.
Tourist-Info: Centro Insular de Turismo, C.C. Yumbo, 35100 Playa del Inglés, Tel. 928/77 15 50.

Hier bietet nicht nur der Berg, sondern auch seine Umgebung viel Sehenswertes: Die südexponierten Wände der Caldera de Tirajana sind bekannt für ihre einzigartige Vegetation. Einige der hier vorkommenden Gewächse findet man nur auf Gran Canaria, so etwa ein endemisches Greiskraut und einen dicht behaarten Natternkopf.

Der Wegverlauf

Vom Felsdurchstich am **Cruz Grande** folgen wir der GC 815 etwa 50 m zurück in Richtung San Bartolomé de Tirajana. An der linken Straßenseite biegen wir in eine Piste ab. Eine Tafel weist hier auf das Naturschutzgebiet »Riscos de Tirajana« hin. In kurzer Zeit erreichen wir ein Plateau mit einigen Sitzbänken und drei Kreuzen. Die Piste geht in einen steingepflasterten Weg über und leitet an einem einzelnen Haus rechts vorbei. Früher war hier ein kleiner Laden untergebracht, der die Pilger auf ihrem anstrengenden Weg versorgte.

Der spektakulärste Abschnitt des Aufstiegs beginnt. Bis ins 19. Jh. galt der **Paso de la**

Der Pico de las Nieves überragt alle Berge.

22

Plata als unüberwindlich, doch schließlich wurde in einem Meisterstück der Wegebaukunst ein Camino Real durch die Felswand angelegt. Die Etappe beginnt mit einem anstrengenden, steilen Aufstieg. Danach bleibt der Weg etwa auf gleicher Höhe und führt am Fuß senkrecht aufragender Felswände entlang. Doch bald geht es wieder steil empor. Unzählige Kehren des steingepflasterten und durch Seitenmäuerchen gestützten Weges krallen sich an die Felsen, manchmal scheint der Pfad kaum genug Platz zu finden. Wir kommen nun zu zwei kleinen Staubecken, dem Charco Hono und dem Chó Flores. Hier können wir gelegentlich Greifvögel beim Trinken beobachten. Wenig später gelangen wir zur Hochebene **Pargana**, wo der Weg deutlich abflacht.
Durch Kiefernwald wandern wir in nordöstlicher Richtung und passieren einige Höhlen. Nach etwa 45 Min., noch bevor sich der Weg zur Straße Ayacata – Pico de las Nieves hin absenkt, erreichen wir die Einsattelung **Los Hornos** (1719 m). An einem Betonpfosten der Inselregierung verlassen wir die Piste auf einem durch Steinmännchen markierten Pfad nach rechts in östlicher Richtung. Durch lichten Kiefernwald steigen wir zum Bergkamm

empor, der Weg schwenkt hier auf Nordostkurs. Wir bleiben stets an der Kammlinie oder knapp unterhalb und kommen nach etwa 15 Min. zum Pass **Los Gatos** (1790 m). Weitere 30 Min. Kammwanderung bringen uns an die Südflanke des **Campanario** (1926 m), der uns einen atemberaubenden Ausblick auf die senkrecht abstürzenden Felswände der Caldera de Tirajana gewährt. Für den kurzen Anstieg zu seinem mit Pfosten markierten Gipfel sind zusätzlich etwa 20 Min. einzuplanen.

In weiterer Folge halten wir uns wieder in Kammnähe und ignorieren mehrere, den Hang hinunterführende Pfade. Nach einem kurzen Schwenk in Richtung Norden dreht der Weg gleich wieder ostwärts. Der **Pico de las Nieves** ist nun schon deutlich zu erkennen, zwei kugelförmige Gebilde – sie gehören zu einer Militärstation – leuchten aus dem Kiefernwald rund um den Gipfel hervor. Wir queren einen Geröllhang und gelangen über eine niedrige Mauer zum **Mirador** unweit des Gipfels. Die Aussicht auf die Bergwelt Gran Canarias ist überwältigend. Zum Greifen nahe sind die Kultberge Roque Bentayga und Roque Nublo, im Hintergrund ragt der Tamadaba empor. Und der Blick nach Süden lässt selbst Schwindelfreie erschaudern – die Abstürze ins Tal von Tirajana bilden eine der höchsten Klippen der Insel. Bei entsprechender Wetterlage stürzen Passatwolken gleich einem Wasserfall über diese Barriere in die Tiefe. Dahinter ragen die kiefernbestandenen Berge des Südwestens auf.

Nachdem wir das Panorama ausgiebig genossen haben, führt uns die Straße vom Mirador gut 500 m abwärts zur Gabelung am Eingang des Militärstützpunktes (nicht fotografieren!). Wir wenden uns rechts und folgen der Straße nach Osten in knapp 30 Min. zur Radiostation auf dem **Roque Redondo**. Wo die Straße nach links wegknickt, gehen wir auf einer Piste geradeaus weiter. Wenige Minuten später verlassen wir diese in einer Rechtskurve wieder; ein undeutlicher Pfad leitet uns Richtung Norden. Er führt uns auf einen Kiefernhain zu, beschreibt dann einen Bogen und bringt uns über Lavaasche zu einer Einsattelung am Südrand der **Calderilla**, einem kleineren Vulkankrater am Rande der großen Caldera de Tirajana. Über ihren Südhang geht es hinunter zu einer weiteren Piste, der wir südwärts folgen. Wir ignorieren mehrere Abzweigungen zu unserer Rechten und kommen zum **Cruz del Socorro**. Hier schenken wir einem Pfad zur linken

22

Passatwolken an den Klippen der Caldera de Tirajana

keine Beachtung. Bald darauf gehen wir an der Campingzone »Mesa de las Vacas« (»Ebene der Kühe«) vorüber und steigen zum Pass **El Viento** hinab.

Wieder wird eine links abgehende Piste nicht beachtet und wenig später stehen wir am Aussichtspunkt **Cruz de la Helada**. Hier geht die Piste in einen klassischen Camino Real über, der sich in Serpentinen dem Felsabgrund nähert. Nach Passieren der Quelle Fuente del Atajo schwenkt der Weg kurz Richtung Nordwesten und führt auf gleicher Höhe einen Felsen entlang. Am Ende eröffnet sich ein weiterer Ausblick auf die zerklüfteten Felswände und den silbrig weißen **Risco Blanco**, den »Zuckerhut Gran Canarias«. Danach windet sich der Weg zwischen zwei Barrancos in die Tiefe, Trittsicherheit ist hier unbedingt erforderlich.

Neben einem Haus erreichen wir eine Betonpiste, der wir nach links folgen. Wir befinden uns nun im höchstgelegenen Bereich des Streuweilers **Altos de Taidía**. Anfangs leitet die Piste nur sanft abwärts. Nach 200 m ignorieren wir eine Erdpiste zur Linken. Nach weiteren 150 m halten wir uns jedoch links und gehen, auf gleicher Höhe bleibend, an einem Zaun entlang. 200 m weiter wandern wir geradeaus und erreichen bald wieder eine Piste.

Unser Ziel Santa Lucía kommt ins Blickfeld, die Route führt nun deutlicher bergab. Vorbei an einem Elektrizitätsturm leitet der steingepflasterte Weg in engen Kehren steil hinunter. Zwischen zwei Häusern mündet er in die Calle de Castillo Olivares, die uns nach rechts zum erhöht gelegenen Kirchplatz von **Santa Lucía** bringt. Über Treppen geht es hinunter ins Zentrum, das Ziel dieser Tour.

23 Durch die Caldera de Ayagaures

Auf dem uralten Weg der Toten: Ayagaures – Presa de Gambuesa – Pino Gordo de Pilancones – Ayagaures

mittel

18 km

5 Std.

↑670 m
↓670 m

Tourencharakter: Stärkere An- und Abstiege. Genügend Trinkwasser mitnehmen, da keine Einkehrmöglichkeit.
Beste Jahreszeit: Oktober–Juni, im Sommer sehr heiß.
Ausgangs-/Endpunkt: Ayagaures.
Wanderkarten: Kompass-Wanderkarte 237 Gran Canaria, 1:50 000. Mapa de las Carreteras del Cabildo Insular, 1:65 000.
Markierung: Keine.
Verkehrsanbindung: Nächste Bushaltestelle beim Palmitos Park. Von hier zu Fuß in ca. 1:15 Std. zum Ausgangspunkt. Mit dem Pkw auf sehr schmaler, aber durchgehend asphaltierter Straße ab Maspalomas. Gute Parkmöglichkeiten nahe der Kirche.
Einkehr: Bar in Ayagaures, unterwegs keine.
Unterkunft: Sehr einfache Herberge in Ayagaures.
Tourist-Info: Centro Insular de Turismo, C.C. Yumbo, 35100 Playa del Inglés, Tel. 928/77 15 50.

Nur wenige Kilometer trennen das Touristenzentrum Maspalomas von dem kleinen Dorf Ayagaures. Doch dazwischen liegen Welten. Noch heute ist das Leben hier beschaulich; es lässt aber auch erahnen, wie beschwerlich der Alltag einst gewesen sein muss.

Verfallene Finca am Wegesrand

Der Wegverlauf

Wir verlassen den Dorfkern von Ayagaures und wandern nach links zum Staudamm **Presa de Ayagaures**. Links an der Mauer vorbei, folgen wir einer Erdpiste am Westufer des Sees entlang. Nach einer Ruine aus Natursteinen und einem mit Blumen üppig begrünten Haus kommen wir zu einigen verstreuten Häusern, wo uns wütendes Hundegebell entgegenhallt. An der nächsten Weggabelung halten wir uns links, biegen aber schon nach 100 m rechts ein und überqueren die **Presa de Gambuesa**.

Die Piste windet sich nun in Serpentinen nach oben, schmälere Abzweigungen links und rechts bleiben unbeachtet. Nach etwa

23

700 m passieren wir das letzte Haus der idyllischen Palmenoase **Ayagaures Alto**. Nach etwa 50 m halten wir uns links auf einen schmalen, ansteigenden Weg Richtung Norden. Zu unserer Linken liegt die Punta de los Atajos, ein von zahlreichen Höhlen durchlöcherter Berg. Hinter einem einsamen Gehöft mündet unser Pfad in eine ansteigende Piste.

Etwa 20 Min. nach einem Wasserspeicher kommen wir an einen wichtigen Kreuzungspunkt. Die Piste geradeaus führt zu zwei Campingzonen, der rechts abzweigende Königsweg bietet die Möglichkeit einer Anbindung an → **Tour 21**. Wir dagegen halten uns links und folgen dem Pfad in den Barrancogrund hinab. Nach ungefähr 20 Min. erreichen wir den berühmten **Pino Gordo de Pilancones**, einen altehrwürdigen Baumriesen. 400 m weiter erwartet uns der Descansadero de los Muertos. Vom Kreuz am »Ruheplatz der Toten« leitet der Weg bergab und führt um einige brach liegende Häuser herum.

Kurz darauf quert der Pfad den Grund des Barranco de la Data und mündet in eine Piste, in die wir nach links einbiegen. Wir kommen zum Weiler **Las Tederas,** der nur mehr an Wochenenden einen bewohnten Eindruck macht. Die erdige Fahrbahn setzt sich in südlicher Richtung fort. Wir gehen an einer Abzweigung (nach links zum Weiler Taginastal) vorüber und kommen nach knapp 5 Std. zu der schon bekannten Weggabelung unweit der **Presa de Gambuesa**. Nur 15 Min. trennen uns noch von unserem Ausgangspunkt, den wir auf bereits vertrauten Wegen erreichen.

24 Rund um den Inagua

Ursprüngliche Natur in eindrucksvoller Felswildnis: La Aldea – El Laurelillo – Las Brujas – La Aldea

mittel

14 km

5 Std.

↑600 m ↓600 m

Tourencharakter: Nur der steile Auf- und Abstieg von La Aldea nach El Laurelillo ist anspruchsvoll und erfordert Schwindelfreiheit.
Beste Jahreszeit: März–Oktober.
Ausgangs-/Endpunkt: La Aldea (642 m).
Wanderkarten: Kompass-Wanderkarte 237 Gran Canaria, 1:50 000. Mapa de las Carreteras del Cabildo Insular, 1:65 000.
Markierung: Hinweisschilder zum Reserva Natural Integral Inagua, sonst keine.
Verkehrsanbindung: Mit der Buslinie 38 (Las Palmas – San Nicolás). Mit dem Pkw auf der GC 810, die San Nicolás mit Mogán verbindet. Parkplatz am Ausgangspunkt.
Einkehr: Bar am Ausgangspunkt, unterwegs keine.
Unterkunft: Privatzimmer, Pensionen und einfaches Hotel in San Nicolás.
Tourist-Info: Centro Insular de Turismo, C.C. Yumbo, 35100 Playa del Inglés, Tel. 928/77 15 50. Informationspavillon der Gemeinde Mogán in Puerto Rico, Tel. 928/56 00 29.

Der Inagua mit seinen fast 1000 m hohen Felsabstürzen ist eine der eindrucksvollsten Berggestalten im Westen der Insel. Da das Gebiet sehr unzugänglich ist, konnte sich hier eine urtümliche Natur halten, die heute in einem Naturreservat geschützt wird.

Der Wegverlauf

Gegenüber der Bar an der Passhöhe **La Aldea** zieht ein deutlich sichtbarer Pfad hangaufwärts. Auf einem schmalen Bergrücken steigen wir etwa 15 Min. zu einer Weggabelung empor, an der wir uns links halten. Auf einem Andén am Fuß der mächtigen Felswand wandern wir in nördliche Richtung. Bald zeigt es sich, warum dieser Anstieg als vergleichsweise schwierig gilt: Mitunter müssen wir abge-

Los Azulejos – farbige Felsen am Fuß des Inagua

stürzte Felsbrocken überklettern, und einmal geht der Weg gar gänzlich verloren. Direkt an der Felswand hanteln wir uns weiter, und bald bildet sich wieder ein Pfad heraus.

Wenig später schwenkt der Weg nach rechts und führt steil über einen mit Kiefern bewachsenen Hang bergwärts. Über glatte Felspassagen erreichen wir nach ca. 1 Std. die Hochebene **El Laurelillo**, wo wir uns vom Anstieg erholen können. Wir folgen nun direkt der Abbruchkante in südliche Richtung. Lichter Kiefernwald umgibt die Felspyramide des Inagua. Auf der Felsebene ist der Weg deutlich sichtbar. Ein Schild zeigt uns an, dass wir bereits im »**Reserva Natural Integral Inagua**« sind. Nach knapp 20 Min. ignorieren wir einen rechts abzweigenden, mit Steinmännchen markierten Pfad und folgen dem breiteren Weg in weiten Serpentinen aufwärts.

An der nächsten Gabelung beginnt die eigentliche Umrundung des Inagua, wir halten uns links und schreiten über weichen, mit Kiefernnadeln bedeckten Boden dahin. Wir bleiben fast auf gleicher Höhe und erreichen nach gut 40 Min. eine Piste, die uns nach rechts in vielen Kehren hinauf zum Pass **Las Brujas** (1200 m) führt. Hier kreuzen sich mehrere Wege. Wir setzen unsere Umrundung in südwestlicher Richtung fort. Bald erreichen wir den Felsen **El Castillete**, an dem sich eine Antennenstation befindet. Unser Weg schwenkt nun nach rechts und leitet wieder an der Abbruchkante des Inagua entlang. 600 m tief fallen die Felsen zur Straße hin ab!

Nach etwa 35 Min. wendet sich der Pfad nach Norden und erreicht 150 m weiter die Gabelung, an der wir die Umrundung begonnen haben. Auf dem bereits vom Anstieg bekannten Weg kehren wir zur Passhöhe El Laurelillo und zum Ausgangspunkt zurück.

25 Auf die Llanos del Guirre

Wo einst die Geier ihre Kreise zogen: El Cercado – Paso de los Laderones – Llanos del Guirre – Mogán

mittel

15 km

5 Std.

↑1050 m ↓1050 m

Tourencharakter: Unterschiedliche Wege, steile Felspassage. Trittsicherheit erforderlich.
Beste Jahreszeit: Ganzjährig, im Sommer heiß.
Ausgangspunkt: Weiler El Cercado.
Endpunkt: Mogán
Wanderkarten: Kompass-Wanderkarte 237 Gran Canaria, 1:50 000. Mapa de las Carreteras del Cabildo Insular, 1:65 000.
Markierung: Steinmännchen und weiße Markierungspunkte und -pfeile.
Verkehrsanbindung: Buslinien 38 (Las Palmas – San Nicolás) und 84 (Mogán – Puerto de Mogán) regelmäßig zwischen El Cercado und Mogán. Mit dem Pkw über die Küstenstraße GC 812 nach Puerto de Mogán und 2 km auf der GC 810 ins Landesinnere.
Einkehr: Bars und Restaurants in Mogán, unterwegs keine.
Unterkunft: Ferienanlage und Privatzimmer in Mogán, Hotel und Appartements in Puerto de Mogán.
Tourist-Info: Centro Insular de Turismo, C.C. Yumbo, 35100 Playa del Inglés, Tel. 928/77 15 50. Informationspavillon der Gemeinde Mogán in Puerto Rico, Tel. 928/56 00 29.

Neben wilden Schluchten prägen weite Hochebenen die Landschaft rund um Mogán. Bis vor einigen Jahren zogen hier Schmutzgeier ihre Kreise, doch Bejagung und Veränderungen in der Landwirtschaft haben zu ihrem Aussterben geführt. Jetzt nutzen andere große Vögel die Aufwinde über der Hochebene – Turmfalken, Bussarde und Kolkraben begleiten unsere gesamte Tour.

Der Wegverlauf

Im Weiler **El Cercado** fällt zunächst das große Gebäude einer bäuerlichen Kooperative ins Auge. Hier führte eine Brücke über den Bach, die bei den Unwettern im Herbst 2001 zerstört wurde. Wir gehen daher in einem Bogen et-

25

was weiter unten durch das trockene Bachbett und auf einer Asphaltpiste ins Dorf. An einer Gabelung mit Telefonzelle halten wir uns scharf links. Am Haus Nr. 37 führt eine Erdpiste rechts den Hang hinauf und an neuen Häusern vorbei. Kurz vor dem Eingangstor einer weiteren neuen »Urbanización« biegen wir links auf einen mit Steinmännchen markierten Bergpfad ein. Stetig ansteigend leitet er durch die **Cañada de Parados** hinauf. Wo sich die Schlucht gabelt, halten wir uns rechts und steigen recht steil den Bergrücken empor bis zu einer Hochebene.

Nun geht es rechts am **Paso de los Laderones** vorbei, über den wir am Rückweg nach Mogán absteigen. Nach einem Aussichtspunkt erreichen wir schließlich die **Llanos del Guirre**. Richtung Nordosten passieren wir ein verfallenes Haus. In der Einsattelung **Las Lapas** stoßen wir auf eine zweite Ruine. Wir halten uns an der Gabelung links und steigen immer knapp unterhalb des Bergkammes aufwärts. Vor uns erhebt sich die deutliche Felspyramide der Montaña de Tauro (→**Tour 26**). Wir wandern bis zum **Mirador Altos de Montaña Tauro** und genießen die gewaltige Aussicht! Wer noch Kraft hat, kann von hier den Gipfel besteigen (ca. 30 Min).

Auf dem bekannten Weg wandern wir zurück zum **Paso de las Laderones**. Diesmal wenden wir uns nach rechts und kommen nach 200 m zu einem runden Felsplateau. Wir gehen abermals rechts und treffen auf einen Königsweg. Zahllose Kehren bringen uns sehr steil und über Felsen Richtung Mogán hinunter. Nahe dem Talgrund treffen wir auf eine Erdpiste, die wenig später in eine Asphaltstraße übergeht. An einer Orangenplantage vorbei, wandern wir ins Tal und erreichen die GC 811 bei der restaurierten Windmühle **Molino de Viento**. Talaufwärts leitet uns die Straße nach 1 km ins Zentrum von Mogán.

Die berühmte Windmühle in Mogán

26 Auf die Montaña de Tauro

Am höchsten Aussichtsberg des Südens: Tauropass – Montaña Vista de Soria – Montaña de Tauro – Tauropass

mittel

5 km

2 Std.

↑300 m
↓300 m

Tourencharakter: Kurze Gipfeltour mit starken An- und Abstiegen.
Beste Jahreszeit: Ganzjährig.
Ausgangs-/Endpunkt: Tauropass (915 m).
Wanderkarten: Kompass-Wanderkarte 237 Gran Canaria, 1:50 000. Mapa de las Carreteras del Cabildo Insular, 1:65 000.
Markierung: Keine.
Verkehrsanbindung: Keine Busse. Mit dem Taxi von Arguineguín oder Mogán (Abholung vereinbaren). Mit dem Pkw von der Küste den Barranco de Arguineguín 20 km ins Landesinnere hinauf. Bei El Barranquillo Andrés links in Richtung Mogán/Ayacata. Nach gut 3 km Passhöhe. Ca. 100 m weiter kleine Parkausbuchtung.
Einkehr: Keine.
Unterkunft: Nächste Unterkünfte in Mogán und Arguineguín.
Tourist-Info: Centro Insular de Turismo, C.C. Yumbo, 35100 Playa del Inglés, Tel. 928/77 15 50. Informationspavillon der Gemeinde Mogán in Puerto Rico, Tel. 928/56 00 29.

Von den Aussichtspunkten im Süden Gran Canarias ist die Montaña de Tauro einer der Bemerkenswertesten. Am Gipfel eröffnet sich ein Panoramablick von den Stauseen des Inselinneren bis hin zu den Dunas de Maspalomas.

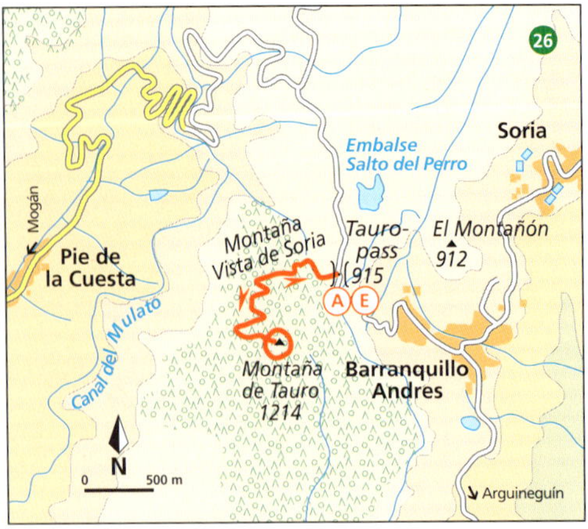

Der Wegverlauf

Am **Tauropass** beginnt an der Südseite der Straße ein gut restaurierter Camino Real. Die neu errichtete Aufstiegsrampe bringt uns schnell auf den vorbildlich angelegten Pfad. Schon zu Beginn der Tour ragt links vor uns der von Kiefern bestandene Kamm der Montaña de Tauro in den strahlend blauen Himmel. An einer felsigen Kuppe eröffnet sich erstmals der Blick hinunter ins **Tal von Mogán** und hinüber zur trutzigen Gebirgsfestung des Inagua (→**Tour 24**). Nach einer flacheren Passage wird der Königsweg bald wieder steiler und windet sich in weiten

26

Special

Die **trockene Bergwelt des Südens** ist die Heimat einer eindrucksvollen Steppenvegetation. Pflanzen, die hier gedeihen können, müssen den extremen Anforderungen ihres Lebensraumes gerecht werden. Oft regnet es jahrelang nur sehr wenig, und die Sonne trocknet zusätzlich die obersten Bodenschichten aus. Auf diese an sich lebensfeindlichen Bedingungen haben Pflanzen verschiedene »Antworten« gefunden: Die **Kanarenwolfsmilch** speichert in ihren fleischigen Säulen so viel Wasser, dass sie auch die längste Dürreperiode überstehen kann. Einige ihrer Verwandten werfen dagegen bei Trockenheit alle Blätter ab und treiben erst nach dem nächsten Regen wieder aus. Nach einem regenreichen Winter hingegen wird eine Bergwanderung zu einer einzigartigen Augenweide – **Lavendel**, **Ginster** und **Natternkopf** tauchen die Landschaft in Violett, Gelb und Weiß.

Kehren hangaufwärts. Immer wieder spenden Kiefern angenehmen Schatten und der leicht wehende Passat lässt uns auch die langsam aufsteigende Hitze besser ertragen.

Nach einigen flacheren Abschnitten beginnt wiederum ein Anstieg in Serpentinen, der uns schnell an Höhe gewinnen lässt. Kurz bevor wir die Hochebene Altos de Montaña Tauro erreichen, folgen wir einem links abzweigenden Pfad, der in einer weiten Kurve um die Ostflanke des Berges herumleitet. Nach etwa 1:15 Std. stehen wir schließlich auf dem Gipfel der **Montaña de Tauro** (1214 m). Und wahrlich, der Anstieg hat sich gelohnt. Im Norden und Osten liegen die Stauseen von Soria und Cueva de las Niñas zu unseren Füßen. Allerdings dauert es nach regenarmen Wintern immer lange, bis sich die Wasserspeicher wieder gefüllt haben. Im Süden und Westen beherrschen die wilden Barrancos zwischen Mogán und Arguineguín die Aussicht.

Montaña de Tauro

Auf dem bereits vom Anstieg bekannten Weg kehren wir in etwa 1 Std. zum Ausgangspunkt zurück. Durch den völlig anderen Lichteinfall erscheint der Weg vertraut und doch zugleich fremd – fast wie eine zweite Wanderung.

27 Zur Playa de Veneguera

Vom einsamen Traumstrand zum Venedig Gran Canarias: Veneguera – Playa de Veneguera – Puerto de Mogán

mittel

24 km

6 Std.

↑250 m
↓500 m

Tourencharakter: Streckenwanderung auf befestigten Schotterpisten, ohne größere Höhenunterschiede. Ausreichend Trinkwasser mitnehmen! Ausgezeichnete Bade- und Schnorchelmöglichkeiten an der Playa de Veneguera.
Beste Jahreszeit: Ganzjährig, im Sommer heiß.
Ausgangspunkt: Las Casas de Veneguera.
Endpunkt: Puerto de Mogán.
Wanderkarten: Kompass-Wanderkarte 237 Gran Canaria, 1:50 000. Mapa de las Carreteras del Cabildo Insular, 1:65 000.
Markierung: Keine.
Verkehrsanbindung: Buslinie 38 Las Palmas – San Nicolás. Alternative bei der Rückfahrt von Puerto de Mogán: die Fähre nach Puerto Rico und Arguineguín. Mit dem Pkw auf der GC 810, die San Nicolás mit Mogán verbindet. Parkmöglichkeiten am Ausgangspunkt. Von Puerto de Mogán nach Las Casas de Veneguera wieder Bus 38.
Einkehr: Bar in Las Casas de Veneguera, Bars und Restaurants in Puerto de Mogán.
Unterkunft: Hotel und Appartements in Puerto de Mogán.
Tourist-Info: Centro Insular de Turismo, C.C. Yumbo, 35100 Playa del Inglés, Tel. 928/77 15 50. Informationspavillon der Gemeinde Mogán in Puerto Rico, Tel. 928/56 00 29.

Der Westen Gran Canarias ist bis heute beinahe touristisches Niemandsland geblieben. Allerdings nur beinahe, denn der Großteil der Playa de Veneguera befindet sich seit den 80er Jahren im Besitz einer Bank, die bereits ein 40 000-Betten-Projekt vorgelegt hat. Doch Umweltschützer konnten bisher die Erschließung verhindern, und so präsentiert sich die Bucht noch immer als Idyll »am Ende der Welt«.

Puerto de Mogán, ein beliebter Yachthafen

Der Wegverlauf

Vom Weiler **Casas de Veneguera** leitet eine Asphaltpiste dem Grund des Barranco de Veneguera entgegen. Bei den letzten Häusern verläuft die Straße in einem Hohlweg, der von Palmen gesäumt wird. Wir erreichen im Talgrund bald darauf das Ende des asphaltierten Teilstücks und wandern nun auf einer Schotterpiste weiter in südwestlicher Richtung. Die Schlucht zählt zweifellos zu den schönsten der Insel, doch erschließt sich ihr Reiz nur jenem, der wüstenhafte Landschaften schätzt. Die

27

kargen Felshänge sind von Cardón überwuchert, der endemischen Kanaren-Wolfsmilch.

Nur in der Talsohle sprießt auf bewässerten Terrassenfeldern üppigeres Grün. Nachdem wir das schmale Bachbett überquert haben, passieren wir eine Avocadoplantage, einen Orangenhain und mehrere Bananenpflanzungen. Bald darauf eröffnet sich der Blick auf das Meer. Wir bleiben beständig auf dem Weg, der auf der linken Seite des Tals verläuft. An einer Gabelung wählen wir nun den Pfad zur Küste, an dem eine Palmengruppe steht. Zu unserer Linken liegt ein verlassenes Fischerhaus, und rechts breitet sich der dunkle Sand der **Playa de Veneguera** aus.

Um die Wanderung fortzusetzen, marschieren wir zur vorhin beschriebenen Wegkreuzung zurück und folgen der durch eine Schranke abgesperrten Piste nach rechts Richtung Puerto de Mogán. Anfangs gilt es einen Anstieg von insgesamt 300 Höhenmetern zu bewältigen, der uns auf ein felsiges Plateau bringt. 10 km trennen uns jetzt noch vom Zielort, doch der Weg ist einfach, da er fast beständig auf gleicher Höhe bleibt. Schließlich geht er in eine Asphaltpiste über, die uns durch ein paar Barranquillos und an einigen Bananenplantagen vorbeiführt. Zuletzt kommen wir an eine Hangkante und genießen die malerische Aussicht auf **Puerto de Mogán**, das wir über einige steile Serpentinen erreichen.

28 Zur Caldera de los Marteles

Im Tal der Höhlenwohnungen: Montaña de las Tierras – Caldera de los Marteles – Montaña de las Tierras

mittel

15 km

5 Std.

↑670 m
↓670 m

Tourencharakter: Malerische Rundwanderung. Teilweise starker Höhenunterschied.
Beste Jahreszeit: Ganzjährig.
Ausgangs-/Endpunkt: Montaña de las Tierras.
Wanderkarten: Kompass-Wanderkarte 237 Gran Canaria, 1:50 000. Mapa de las Carreteras del Cabildo Insular, 1:65 000.
Markierung: Keine.
Verkehrsanbindung: Schlechte Busverbindung. Linie 27 von Agüimes bis zur Montaña de las Tierras nur einmal am Morgen; Rückfahrt allenfalls mit dem Taxi. Mit dem Pkw von Ingenio und Agüimes auf ausgeschilderten Zufahrtsstraßen.
Einkehr: Restaurants in der Montaña de las Tierras, unterwegs keine.
Unterkunft: Landhotel und Fincas in Agüimes.
Tourist-Info: Patronato de Turismo, León y Castillo 17, 35003 Las Palmas, Tel. 928/21 96 00. Turismo Rural de Agüimes S.L., Apdo. de Correos 166, 35260 Agüimes, Tel. 928/12 41 83.

Die Höhlenrestaurants in der Montaña de las Tierras sind verlockend.

Die Montaña de las Tierras ist der Rest eines uralten Vulkans. Regen und Wind haben den einstigen Kegel abgetragen und einen mächtigen Bergstumpf zurückgelassen. Zahllose Gänge durchziehen die Lavafelsen. Von diesem markanten Ausgangspunkt steigen wir zu einem größeren, aussichtsreichen Krater auf.

Der Wegverlauf

Von der **Montaña de las Tierras** folgen wir der gemächlich ansteigenden Piste aufwärts. Nach mehreren Kehren erreichen wir eine Quelle. 600 m weiter quert die Erdstraße den Barranco und leitet auf den Weiler **Lereta** zu. Kurz davor verlassen wir die Piste nach links, kreuzen das trockene Bachbett und schwenken um auf Westkurs. Am **Cruce de Olivo**, benannt nach einem alten Ölbaum, halten wir uns rechts und wandern parallel zum Talgrund weiter.

Wenig später führt der Weg erneut durch den Bach, leitet aber gleich auf die linke Seite zurück. Wir passieren eine Hausruine und folgen einem Pfad links aufwärts. Im Seitental gehen wir

durch den Talgrund und entlang einiger Kiefern hangaufwärts. Bei einer Finca treffen wir auf eine Piste, der wir nach rechts folgen (nicht vom Weg abweichen, Privatgrund!).

Bald erreichen wir den Weiler **Los Bucios**, dessen Durchquerung nur für echte Hundefreunde ohne Nervenkitzel verläuft. Danach schwenkt die Piste nach rechts und bringt uns zu einer Weggabelung an der Südseite der mächtigen **Caldera de los Marteles**. Wir gehen nun links auf einem für Wanderer geöffneten Privatweg in westlicher Richtung um einen Bergkegel herum. Vor einer Höhle schwenkt der Weg nach Nordwesten und leitet an den Häusern von Los Cascajales vorbei zur Straße von Telde zum Pico de las Nieves. Wir wenden uns nun auf einer breiten Piste südwärts und überschreiten eine kiefernbewachsene Anhöhe. Alle rechts abzweigenden Wege werden ignoriert, und bald erreichen wir das unscheinbare Holzkreuz **Cruz del Socorro**.

Hier verlassen wir die Piste nach links auf einem Pfad, der wenig später erneut in eine Piste übergeht. Wir wandern nun in südöstlicher Richtung und lassen mehrere Abzweigungen rechts liegen. An einer scharfen Linkskurve stoßen wir auf einen alten Königsweg, der am **Lomo Guaniles** entlang führt. Auf einer Anhöhe wenden wir uns nach links und begeben uns in mehreren Kehren ins Tal hinab.

An der nächsten Kreuzung wählen wir den Camino Real, der links abzweigt und wieder dem Barranco de Guayadeque entgegenstrebt. Weite Kehren führen zum **Paso Bermejo** (1320 m), wo der Weg nach links schwenkt. Zunächst flacher, bald aber sehr steil in engen Kehren steigen wir zum **Cruce del Olivo** ab und folgen dem bekannten Weg zum Ausgangspunkt.

29 Zur Montaña de las Tierras

Schwindel erregende Tour am Guayadeque-Kamm: Cuevas Bermejas – Cañada de la Cruz – Montaña de las Tierras

anspr.

9 km

3 Std.

↑750 m ↓270 m

Tourencharakter: Echte Bergtour mit steilem An- und Abstieg sowie weglosen Passagen. Trittsicherheit und Schwindelfreiheit erforderlich.
Beste Jahreszeit: Oktober–Mai.
Ausgangspunkt: Cuevas Bermejas.
Endpunkt: Montaña de las Tierras (1042 m).
Wanderkarten: Kompass-Wanderkarte 237 Gran Canaria, 1:50 000. Mapa de las Carreteras del Cabildo Insular, 1:65 000.
Markierung: Hinweisschild der Umweltbehörde, Steinmännchen.
Verkehrsanbindung: Schlechte Busverbindung. Linie 27 von Agüimes bis zur Montaña de las Tierras nur einmal am Morgen; Rückfahrt allenfalls mit dem Taxi. Mit dem Pkw von Ingenio und Agüimes auf ausgeschilderten Zufahrtsstraßen.
Einkehr: Restaurants in der Montaña de las Tierras, Bar und Restaurant in Cuevas Bermejas, unterwegs keine.
Unterkunft: Landhotel und Fincas in Agüimes.
Tourist-Info: Patronato de Turismo, León y Castillo 17, 35003 Las Palmas, Tel. 928/21 96 00. Turismo Rural de Agüimes S.L., Apdo. de Correos 166, 35260 Agüimes, Tel. 928/12 41 83.

Der Barranco de Guayadeque war schon in vorspanischer Zeit dicht besiedelt; zahlreiche archäologische Relikte erinnern an diese Epoche. Bis heute sind viele Höhlendörfer bewohnt. Die Tour führt vom traditionellsten Ort über den steil aufragenden Guayadeque-Kamm zum Stumpf eines uralten Vulkans.

Der Wegverlauf

Von der Höhlenkirche in **Cuevas Bermejas** gehen wir auf der Dorfpromenade links aufwärts. Wir passieren hübsche Höhlenhäuser und ein Gatter mit Schafen und Ziegen. Wenig später halten wir uns an einer Gabelung links und überqueren einen Seitenbarranco. Gewaltige Felswände ragen vor uns auf – sie erscheinen beinahe unüberwindlich. Doch der Weg – gut ausgebaut und an exponierten Stellen mit Steinmäuerchen gesichert – schraubt sich in zahlreichen Kehren den Steilhang empor. An einer großen Höhle

29

Tipp Am Eingang des Barranco treffen wir auf das völlig neu gestaltete **Centro Interpretación de Guayadeque** (Tel. 928/17 20 26). Die sehr sehenswerte Ausstellung mit interaktiven Objekten und Videopräsentationen lässt uns ganz in die Welt der einmaligen Schlucht eintauchen. Wir erfahren spannende Geschichten aus dem Leben der Altkanarier, lernen die pflanzlichen und tierischen Bewohner der Region kennen und entdecken die vorspanischen Wurzeln alter Traditionen.

vorbei, erreichen wir den Bergkamm mit einer Tafel »Monumento Natural«.

Auf der Anhöhe halten wir uns rechts und gehen stets am Abbruch entlang. Bald erreichen wir die **Casa de los Pastores**, ein verfallendes Steinhaus. Hier verliert sich der Weg; als einziger Anhaltspunkt dient uns eine rechts aufwärts führende Begrenzungsmauer. An deren Ende wandern wir auf eine Bergkuppe zu, von der wir einen atemberaubenden Tiefblick genießen.

Höhlenwohnung in Cuevas Bermejas mit allem Komfort

Links am Bergrücken entlang, kommen wir zur **Cañada de la Cruz**, wo sich mehrere Wege treffen. Wir halten uns weiter westwärts und erreichen auf gut sichtbarem Weg eine Hochfläche. Der Weg verliert sich bald wieder, und wir halten auf einen hohen, spitzen Felsmonolithen zu, der von den **Cuevas de la Mesa del Moral** durchlöchert ist. Ein gut erhaltener Pfad führt uns 10 Min. in südliche Richtung zu einer toten Kiefer, die als **El Pinillo** bekannt ist. Es folgt eine kurze weglose Strecke; wir steigen die Südseite des angrenzenden Berghanges hinauf. An einer kreisförmigen Mauer tritt der Weg wieder hervor, leitet in Kehren und einer langen Geraden weiter. Über Lavageröll und aufgelassene Terrassenfelder erreichen wir nach gut 2:30 Std. den Pass **Pino Cazado** (1294 m).

In Schwindel erregender Tiefe ist bereits deutlich unser Ziel zu erkennen. Ein Steinmännchen markiert den Einstieg in Richtung Abgrund. Zunächst geht es steil nach Nordwesten bergab, doch bald leiten weite Kehren dem Barrancogrund entgegen. Terrassen mit kleinen Mandelbäumen signalisieren das baldige Ende des Abstiegs. Eine Piste nimmt uns auf und bringt uns in wenigen Minuten zur **Montaña de las Tierras**.

30 Von Arteara nach San Bartolomé

Grandiose Felseinsamkeit am Pass der Giganten: Arteara – El Gigante – Vista Fataga – San Bartolomé

anspr.

15 km

5 Std.

↑840 m
↓300 m

Tourencharakter: Anfangs schwierige Bergtour auf sehr steilen Geröllwegen, teilweise weglos. Trittsicherheit und Schwindelfreiheit erforderlich.
Beste Jahreszeit: Ganzjährig. Im Sommer relativ heiß, im Winter manchmal neblig.
Ausgangspunkt: Kamelstation Baranda in Arteara.
Endpunkt: San Bartolomé de Tirajana.
Wanderkarten: Kompass-Wanderkarte 237 Gran Canaria, 1:50 000. Mapa de las Carreteras del Cabildo Insular, 1:65 000.
Markierung: Schilder der Umweltbehörde und der Gemeindeverwaltung.
Verkehrsanbindung: Die Buslinie 18 (Playa del Inglés – Cruz de Tejeda) hält an der Landstraße oberhalb der Kamelstation. Mit dem Pkw ab Playa del Inglés durch den Barranco de Fataga. Ausreichend Parkmöglichkeiten. Von San Bartolomé mit der Linie 18 wieder zum Ausgangspunkt.
Einkehr: Lokal in der Kamelstation, Bars in San Bartolomé, unterwegs keine.
Unterkunft: Pension und Hotel in San Bartolomé de Tirajana, Landhotel in Fataga.
Tourist-Info: Centro Insular de Turismo, C.C. Yumbo, 35100 Playa del Inglés, Tel. 928/77 15 50.

In Arteara und Fataga werden Kamelsafaris angeboten.

Vor dem Bau der Straße durch den Barranco de Fataga nach San Bartolomé gab es mehrere Passwege, die von der Küste zum Verwaltungszentrum im Landesinneren führten. Einer der schwierigsten Übergänge führt über den Pass der Giganten – bis heute eine Herausforderung!

Der Wegverlauf

Von der **Kamelstation Baranda** wandern wir zunächst auf einer Piste in südliche Richtung und erreichen über mehrere Verbindungswege schließlich die **Hauptpiste Arteara – Ayagaures**. Wenige Meter weiter rechts zweigt ein undeutlicher Geröllweg ab, dem wir hangaufwärts folgen. Nach etwa 200 m kommen wir an den quer über den Hang verlaufenden **Wasserkanal**, an dem wir ca. 1 Min. rechts entlang gehen. Der Kanal wird überquert, und ein anschließender Trampelpfad leitet in ein Seitental aufwärts (Orientierung schwierig).

30

Der nur undeutliche Weg wendet sich nach links und zieht diagonal zum Bergkamm hinauf. Oben angekommen halten wir uns rechts und müssen dabei durch ein Meer versprengter Felsbrocken gehen. Der Weg verschwindet immer wieder, wird dann aber deutlicher und leitet in engem Zickzack-Kurs längs der Steilwand zum Pass **El Gigante** (769 m) hinauf.

Der schwer erkennbare Weg wendet sich in südwestliche Richtung und dreht auf dem Bergkamm nach Norden. Nach ca. 2 Std. erreichen wir auf einem Geröllplateau den Anfang einer Forstpiste. Nun fällt die Orientierung leichter. Die Piste führt uns meist direkt nordwärts; lediglich an steileren Hangabschnitten wurden einige Kurven eingebaut wie an der Westseite des **Puntón del Garito**. Wir bleiben rechts vom Barrancogrund und erreichen nach knapp 3 Std. den Pass **Vista Fataga** (951 m).

Nun leitet der Weg hinunter in den **Barranco de los Vicentillos** und steigt danach in Serpentinen zum Bergkamm auf. Wir ignorieren eine Piste zur Linken und passieren 600 m weiter ein verlassenes Gehöft. Wir bleiben an zwei weiteren Abzweigungen stets auf der Hauptpiste und kommen nach 1,5 km zu einem Schild mit der Aufschrift »Mesas y Mesitas« (große und kleine Hochebenen).

Die Piste führt nun bergab, nach gut 200 m zweigt links der Camino Real Richtung Caldera de Ayagaures ab. Wir bleiben auf der Piste und erreichen nach weiteren 700 m den wichtigen Passübergang **Degollada de la Manzanilla** (1183 m). Von hier steigen wir auf dem in →**Tour 21** beschriebenen Anstiegsweg nach San Bartolomé de Tirajana ab.

31 Rundwanderung im Barranco de Palmito

Bergwildnis am Rande des Massentourismus: Los Palmitos – Las Casillas – Lomo de Palmito – Los Palmitos

mittel

10 km

3 Std.

↑450 m
↓450 m

Tourencharakter: Nur kurzzeitig anstrengend aufgrund wegloser Passage.
Beste Jahreszeit: Ganzjährig. Im Sommer sehr heiß.
Ausgangs-/Endpunkt: Los Palmitos beim Eingang zum Park.
Wanderkarten: Kompass-Wanderkarte 237 Gran Canaria, 1:50 000. Mapa de las Carreteras del Cabildo Insular, 1:65 000.
Markierung: Teilweise Steinmännchen.
Verkehrsanbindung: Buslinien 45 und 70 alle 15–30 Min. von der Südküste zum Palmitos Park. Mit dem Pkw ab Maspalomas den Hinweisschildern zum Palmitos Park folgen. Hier großer Parkplatz.
Einkehr: Kiosk am Parkeingang, Café im Hotel Helga Masthoff in Los Palmitos.
Unterkunft: Sport- und Tennishotel Helga Masthoff, Unterkünfte aller Art in Maspalomas.
Tourist-Info: Centro Insular de Turismo, C.C. Yumbo, 35100 Playa del Inglés, Tel. 928/77 15 50.

Nur wenige Kilometer von den Touristenzentren der Costa Canaria entfernt liegen einige der wildesten Schluchten der Insel. Während selbst im nahen Palmitos-Park ziemlicher Andrang herrscht, erlebt man auf dieser Runde die totale Einsamkeit. Naturerlebnis pur!

Der Wegverlauf

Der sehenswerte Palmitos-Park

Vom Parkplatz am Eingang des **Palmitos-Parks** folgen wir der Teerstraße aufwärts zum Sporthotel. Am kleinen Wendeplatz steigen wir über Stufen hinauf zur Piste, die in mehreren Kehren zum **Paso de los Palmitos** führt. Wir wenden uns auf der Straße links, biegen aber schon nach wenigen Metern wiederum links in eine Schotterpiste ein, die sanft ansteigend am Bergrücken Lomo de los Palmitos entlang verläuft. Nach etwa 900 m halten wir uns hinter einem hübschen Chalet rechts und gehen in einem weiten Bogen um ein Gehöft herum. Der öffentliche Weg ist hier an einer Stelle eingezäunt, so dass man den kleinen Zaun überklettern und nach 100 m ein Gatter passieren muss.

Die Piste wird nun schmäler und leitet über in einen Pfad abwärts zum Barrancogrund, den wir nach 1 Std. erreichen.

An einer vom Regen ausgewaschenen Felsmulde, etwa 300 m nach dem Gatter, verlassen wir das Bachbett und wandern einen mit Steinmännchen markierten Weg hangaufwärts. Nach einem schweißtreibenden Anstieg von knapp 15 Min. erreichen wir den Bergrücken und folgen den Steinmännchen im Uhrzeigersinn um die rechts von uns aufragende Felskuppe. Wir erreichen ein schmales Bachbett und gehen darin nordwärts. Nach knapp 15 Min. kreuzen wir einen nicht restaurierten Königsweg, in den wir nach links einbiegen. An einer Gabelung nach 130 m halten wir uns rechts. Im Westen genießen wir bald darauf einen schönen Ausblick auf den **Barranco de Chamoriscán**.

Wir queren nun ein Seitental und gehen am Westhang der Bergkette entlang – bis vor einen imposanten Abgrund. Nun nicht den deutlichen Weg zu einem Weiler hinab, sondern einer undeutlichen Pfadspur nach rechts folgen. Bald wieder nordwärts, nach 5 Min. erreichen wir ein Hochplateau. Dort weisen Steinmännchen auf einen deutlich sichtbaren Königsweg hin, auf dem wir uns durch lichten Kiefernwald in südlicher Richtung halten.

Tief unten im Barranco de Palmito die Felsmulde, an der unser Aufstieg begonnen hat. Der Camino Real beschreibt einen leichten Rechtsbogen und bringt uns nach etwa 2 Std. zu der vom Anstieg bekannten Felskuppe. Auf dem bereits bekannten Pfad gelangen wir zurück zum Ausgangspunkt.

32 Von Arteara zum Palmitos-Park

Auf aussichtsreichen Wegen zu einem Paradies für Kinder: Arteara – Embalse de Ayagaures – Los Palmitos

mittel

19 km

5 Std.

↑200 m ↓140 m

ja

Tourencharakter: Streckenwanderung durch wüstenhaftes Gelände auf Pisten und befestigten Wegen. Unbedingt auf Sonnenschutz und ausreichend Trinkwasser achten!
Beste Jahreszeit: Oktober–Mai.
Ausgangspunkt: Arteara.
Endpunkt: Los Palmitos beim Eingang zum Park.
Wanderkarten: Gran Canaria South, Discovery Walking Guides Ltd., 1:25 000. Mapa de las Carreteras del Cabildo Insular, 1:65 000.
Markierung: Straßenschilder und Steinmännchen.
Verkehrsanbindung: Buslinie 18 (Playa del Inglés – Cruz de Tejeda) hält an der Landstraße in Arteara. Mit dem Pkw ab Playa del Inglés durch den Barranco de Fataga. Ausreichend Parkmöglichkeiten. Buslinien 45 und 70 alle 15–30 Min. vom Palmitos Park zur Südküste. Von hier Linie 18 zurück zum Ausgangspunkt.
Einkehr: Bars in Arteara und Ayagaures, Café im Hotel Helga Masthoff in Los Palmitos, Kiosk am Parkeingang.
Unterkunft: Einfache Herberge in Ayagaures, Sport- und Tennishotel Helga Masthoff.
Tourist-Info: Centro Insular de Turismo, C.C. Yumbo, 35100 Playa del Inglés, Tel. 928/77 15 50.

Die Tour entführt uns in eine wüstenhafte Einöde.

Kein Wunder, dass im Süden von Gran Canaria schon oft Westernfilme gedreht wurden. Wären nicht die Palmen – man könnte direkt meinen, am Grand Canyon zu sein.

Der Wegverlauf

Von der Bushaltestelle an der Straße Playa del Inglés – Fataga gehen wir auf der Dorfpiste in den Weiler **Arteara** hinein. Das Grün der Palmenoase steht in deutlichem Kontrast zu den Braun- und Ockertönen der umliegenden Berge. Nach etwa 700 m auf dieser Piste weist eine Schautafel auf das berühmte Gräberfeld von Arteara hin.

In weitem Bogen geht es auf dem **Camino de la Necrópolis** über das steinige Gelände am Rande des altkanarischen Friedhofs entlang. Nach dem Gräberfeld gelangen wir zur Piste von Arteara

32

nach Ayagaures, der wir nach links folgen. Die Orientierung fällt nun leicht, da wir auf der breiten, wenig befahrenen Piste bleiben. In südliche Richtung wandernd, erreichen wir eine erste Felsnase am **Lomo de la Abejarilla**. Wir bleiben auf der Piste, die sich an der Felsnase wieder nordwärts wendet.

Wir durchschreiten einen kleinen Barranco, in dem üppiges Schilfrohr sprießt und sind in wenigen Minuten bei einer zweiten, gegen Süden gerichteten Felsnase. Und abermals geht es in einen Barranco hinein und hinaus zu einer dritten Felsnase. Einzige Abwechslung am nächsten Wegabschnitt ist eine große Hinweistafel auf einen mit EU-Mitteln errichteten Wasserkanal. An der vierten Felsnase genießen wir einen weiten Blick über das gewaltige Schluchtensystem des Barranco de los Vicentes. Im weiteren Verlauf krallt sich die schmale Piste gegen den Steilhang, der Talgrund liegt in schwindelerregender Tiefe. An der letzten südwärts gerichteten Felsnase blicken wir zum ersten Mal auf das Dorf Ayagaures, das wir in etwa 15 Min. über den Staudamm **Presa de Ayagaures** erreichen.

Auf der Dorfstraße gehen wir gleich rechts und durch den Weiler. Eine schmale, wenig befahrene Asphaltstraße führt hinauf zum **Paso de los Palmitos**. Von der Passhöhe sehen wir rechts unter uns schon den Palmitos-Park bzw. das benachbarte Luxushotel. Kurz vor einem schönen Mirador (kleiner Abstecher von 100 m) wandern wir eine Erdpiste rechts hinunter und gelangen in mehreren Kehren zum Talgrund und nach den letzten 800 m auf Asphalt zum Endpunkt der Tour.

33 Durch den Barranco de Fataga

Schmaler Canyon unter gleißender Sonne: Playa del Inglés – Barranco de Fataga – Gítagana – Arteara

leicht

13 km

4 Std.

↑350 m
↓70 m

ja

Tourencharakter: Ähnlich Tour 32 recht karg. Überwiegend auf Pisten durch die hitzeflirrende Schlucht.
Beste Jahreszeit: Oktober–Mai.
Ausgangspunkt: Nördlicher Ortsrand von Playa del Inglés, an der Straße nach Fataga.
Endpunkt: Arteara.
Wanderkarten: Gran Canaria South, Discovery Walking Guides Ltd., 1:25 000. Mapa de las Carreteras del Cabildo Insular, 1:65 000.
Markierung: Straßenschilder, sonst keine.
Verkehrsanbindung: Buslinie 18 (Playa del Inglés – Cruz de Tejeda) hält an der Werkstatt »Taller Bolaños« an der Straße nach Fataga. Mit dem Pkw in Playa del Inglés den Hinweisschildern Richtung Fataga und San Bartolomé folgen. Von Arteara mit Linie 18 zurück.
Einkehr: Bars und Restaurants am Ausgangspunkt, Bars in Arteara, unterwegs keine.
Unterkunft: Unterkunftsmöglichkeiten aller Art in Playa del Inglés, Landhotel in Fataga.
Tourist-Info: Centro Insular de Turismo, C.C. Yumbo, 35100 Playa del Inglés, Tel. 928/77 15 50.

Karge Landschaft

Der Barranco de Fataga ist eine der einsamsten Schluchten im Süden der Insel. Wüstenfans finden hier alles, was ihr Herz begehrt. Hat man das Schotterwerk am Schluchteingang erst einmal hinter sich gelassen, ist man allein mit Felsen, Kakteen und seltenen sukkulenten Pflanzen.

Der Wegverlauf

Am nördlichen Ortsrand von **Playa del Inglés** folgen wir von der Werkstatt Taller Bolaños der Hauptstraße Richtung San Bartolomé. Nach etwa 100 m zweigen wir links in die zum Barrancogrund führende Asphaltstraße ab. Im Talgrund halten wir uns rechts und gehen auf gleicher Höhe weiter. Nach 400 m passieren wir eine Zementfabrik, die leider den gesamten Barrancoeingang verunstaltet, obwohl er bereits im Schutzgebiet »Paisaje Protegido de Fataga« liegt.
Bei der Fabrik beginnt eine Schotterpiste, auf der wir in die von steilen Felsen flankierte Schlucht hineinwandern. An einer Gabe-

lung nach etwa 800 m wählen wir die Piste, die im Barrancogrund verläuft. An mehreren Brunnenbauten vorbei, gelangen wir nach gut 3 km zu einem Gehöft, das einen verwahrlosten Eindruck macht. Nur einige Ziegen scheinen die Stellung zu halten.

Am Gehöft wählen wir die links den Hang aufwärts führende Piste. Nach etwa 1 km nimmt die Steigung deutlich ab und nach weiteren 800 m geht es sogar leicht abwärts. Im eintönigen Rotbraun der Felsen erkennen wir rechts hoch über uns die steinfarbenen Wände des **Mirador de Fataga**, der wie ein Adlerhorst an der Schluchtkante hängt.

Nach einem weiteren Kilometer befinden wir uns in einem mit dichtem Schilf bewachsenen Seitenbarranco und an einer neuerlichen Weggabelung. Wir halten uns rechts und erreichen bald darauf ein Haus inmitten eines üppig bepflanzten Gartens. 300 m weiter ignorieren wir den Fahrweg zum Weiler Gítagana und bleiben auf der Hauptpiste. In mehreren Kehren geht es den Bergrücken **Lomo de la Abejarilla** hinauf, an dem wir auf die Piste Arteara – Ayagaures stoßen.

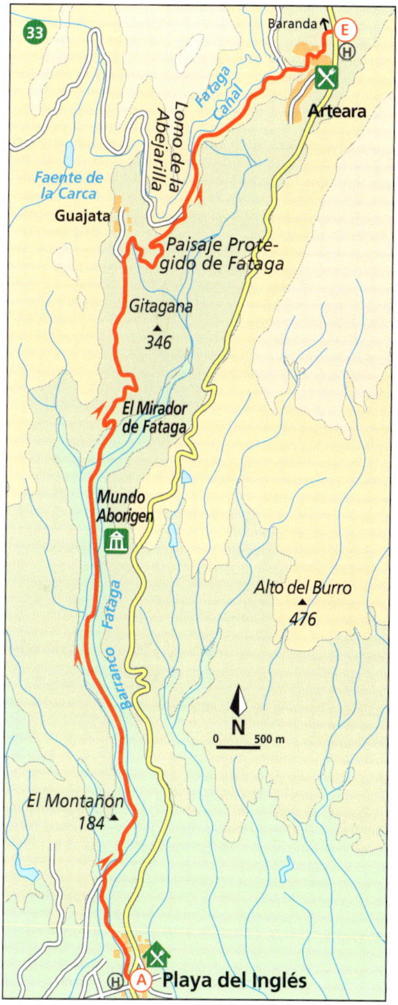

Wir wenden uns nach rechts und passieren das berühmte **Gräberfeld von Arteara**. An der Abzweigung des breiten Geröllwegs zum Pass der Giganten (→ **Tour 30**) steigen wir rechts in den Talgrund hinab und kommen auf eine Piste, die uns schnell zur **Kamelstation Baranda** bringt. Im Schatten des Palmenhains genießen wir nach dieser Wüstentour die Erfrischungen an der Bar der Station.

34 Von San Agustín nach Maspalomas

Gemütlicher Strandspaziergang um die Südspitze der Insel: San Agustín – Playa del Inglés – Maspalomas

leicht
7 km
2 Std.
↑ 0 m
↓ 30 m
ja

Tourencharakter: Einfache Strandwanderung mit vielen Bademöglichkeiten, auch FKK zwischen Playa del Inglés und Maspalomas.
Beste Jahreszeit: Ganzjährig.
Ausgangspunkt: Zentrum von San Agustín.
Endpunkt: Leuchtturm von Maspalomas.
Wanderkarten: Gran Canaria South, Discovery Walking Guides Ltd., 1:25 000. Mapa de las Carreteras del Cabildo Insular, 1:65 000.
Markierung: Straßenschilder und andere Wegweiser.
Verkehrsanbindung: San Agustín liegt an der Route aller Buslinien von Las Palmas an die Costa Canaria. Mit dem Pkw auf der GC 1 bis zur Ausfahrt Tarajalillo/San Agustín und auf der GC 812 ins Ortszentrum. Wenig Parkplätze. Von Maspalomas fahren die oben genannten Linien zurück zum Ausgangspunkt.
Einkehr: Einkehrmöglichkeiten aller Art in den Küstenorten. Am Strand einfache Bars.
Unterkunft: Unterkunftsmöglichkeiten aller Art in San Agustín, Playa del Inglés und Maspalomas.
Tourist-Info: Centro Insular de Turismo, C.C. Yumbo, 35100 Playa del Inglés, Tel. 928/77 15 50.

Bis in die 60er Jahre des 20. Jhs. waren die Siedlungen im Süden Gran Canarias verschlafene Fischerdörfer, in die sich kaum jemals ein Gast verirrte. Dies hat sich grundlegend geändert, doch ist der Strand von Maspalomas noch immer eine herrliche Küstenlandschaft. Nur eines darf man nicht erwarten – das Meer hier für sich alleine zu haben …

Der Wegverlauf

Gewitterstimmung über den Dünen

Im Zentrum von **San Agustín** spazieren wir hinunter zum »Paseo Costa Canaria«, der den Küstenabschnitt bis Playa del Inglés erschließt. Wir wenden uns nach rechts und nutzen dabei die breite, gepflasterte Promenade, die an attraktiven Apartments mit schönen Gartenanlagen entlangführt. Nachdem wir einen Rettungsturm des Roten Kreuzes passiert haben, geht es weiter zum letzten Strand von San Agustín.

An einer Reihe von Kiefern setzt sich der Weg fort, und bald nimmt uns ein weiteres Teilstück der Promenade auf. Hoch über dem Strand geht es um den San Agustín Beach Club herum. Am felsigen Rand der Klippen schlängelt sich die Promenade um die **Playa de las Burras** und in Richtung **Playa del Inglés**. Hier steigen wir über Treppen zum breiten Strand hinunter, der sich zwischen den Dünen von Maspalomas und dem Meer ausbreitet.

Am einfachsten ist es, sich hier des Schuhwerks zu entledigen, und direkt an der Wasserlinie weiterzuwandern. Im feuchten, recht harten Sand kommt man ohne größere Anstrengungen vorwärts. Eine weitere Wegbeschreibung erübrigt sich, da wir einfach dem Küstenverlauf folgen. Etwa 1 km nach dem »normalen« Strand von Playa del Inglés betreten wir die Zona Nudista, doch ist es kein Problem, auch bekleidet weiterzugehen.

Nachdem wir die **Südspitze Gran Canarias**, den südlichsten Punkt europäischen Hoheitsgebietes, umrundet haben, sehen wir den **Leuchtturm von Maspalomas**, das Ziel der Tour, bereits klar vor uns. Wir gehen auf den Leuchtturm zu und befinden uns schon bald wieder auf einem Textilstrand. Zwischen der Lagune **Charco** (→ **Tour 35**) und dem Strand hindurch kommen wir – vorbei an einem Kinderspielplatz – zur Promenade von Maspalomas. Nach wenigen Schritten stehen wir nun zu Füßen des Leuchtturms.

35 Durch die Dunas de Maspalomas

Durch die berühmte »Miniatursahara«: Playa del Inglés - Maspalomas – El Gavioto – Playa del Inglés

leicht

6 km

2 Std.

↑0 m
↓0 m

ja

Tourencharakter: Abwechslungsreiche Strand- und Dünenwanderung mit Bademöglichkeiten. Romantisch frühmorgens und im Abendlicht. Untertags überfüllt, besonders im FKK-Gelände.
Beste Jahreszeit: Ganzjährig.
Ausgangs-/Endpunkt: Hotel »RIU Palace« in Playa del Inglés.
Wanderkarten: Gran Canaria South, Discovery Walking Guides Ltd., 1:25 000. Mapa de las Carreteras del Cabildo Insular, 1:65 000.
Markierung: Wegweiser und Pfosten mit farbiger Markierung an den zugelassenen Pfaden durchs Naturschutzgebiet.
Verkehrsanbindung: Playa del Inglés liegt an der Route aller Buslinien von Las Palmas an die Costa Canaria. Mit dem Pkw auf der GC 1 bis zur Ausfahrt Las Burras/ Playa del Inglés und auf der GC 812 ins Ortszentrum. Wenig Parkplätze.
Einkehr: Einkehrmöglichkeiten aller Art in Playa del Inglés und Maspalomas. Am Strand einfache Bars.
Unterkunft: Unterkunftsmöglichkeiten aller Art in Playa del Inglés und Maspalomas.
Tourist-Info: Centro Insular de Turismo, C.C. Yumbo, 35100 Playa del Inglés, Tel. 928/77 15 50.

Beliebter Treffpunkt bei den Dünen

Die Südspitze Gran Canarias ist nicht nur ein touristischer Hot Spot. Auch aus ökologischer Sicht ist die Region sehr bedeutsam – die Dunas de Maspalomas wurden 1987 zur »Reserva Natural Especial« erklärt. Am Rande des Massentourismus treffen wir hier auf eine einmalige Naturlandschaft, deren Erkundung immer wieder Neues entdecken lässt.

Der Wegverlauf

Wir beginnen unsere Wanderung am Hotel RIU Palace, direkt an der **Plaza Fuerteventura** im Südwesten von Playa del Inglés. Der Zugang zu den Dünen führt direkt durch das Hotel, das wir auf einem Asphaltweg zwischen Bungalows hindurch wieder verlassen. Noch bevor wir den kleinen Aussichtsplatz am Rande der Sandfläche erreichen, stoßen wir zu unserer Rechten auf das kleine Informationszentrum.

Nachdem wir die Ausstellung besichtigt haben, gehen wir hinunter zu der weißen Balustrade und genießen einen ersten umfassenden Blick über diese »**Sahara en miniture**«. Vom Aussichtsplateau geht es auf der Westseite direkt in die Dünen hinein, wobei es sich hier oft barfuß besser läuft als in Turnschuhen (auf Glasscherben achten!). Wir wählen den Weg, der ganz rechts durch die meerfernsten Abschnitte der Dünen verläuft. Bleiben Sie bitte auf der durch die bunten Pfähle angezeigten Route, denn die Dünen sind ein sehr sensibler Lebensraum!

Nach einem üppig mit Palmen bewachsenen Tal wandern wir in westliche Richtung, bis wir auf die Lagune **Charco de Maspalomas** und die flankierenden Straßen stoßen. Der Charco ist einer der interessantesten Lebensräume des Dünengebietes. Bei starkem Regen fließt durch den Barranco de Maspalomas Süßwasser in die Lagune. Durch die anschließende langsame Austrocknung wird das Wasser wieder salziger. Besonders spannend ist die einzigartige Fischgemeinschaft, deren Lebensgrundlage auf diesem Wechsel basiert und daher nur hier vorkommt.

Auf der Straße wenden wir uns nach rechts und gehen bis zum Parkplatz am Charco entlang. Für den Rückweg nach Playa del Inglés wählen wir jenen Pfad, der die Dünen in geringster Entfernung vom Meer durchzieht. Etwa auf halber Strecke besteht die Möglichkeit, einen kurzen Abstecher zum Strand zu machen. Danach leitet der Pfad direkt zum Besucherzentrum zurück.

ANREISE

Mit dem Flugzeug: Günstigste und beliebteste Art nach Gran Canaria zu gelangen, sind Charterflüge. Viele Reiseveranstalter bieten diese Flüge an, häufig im Rahmen von Pauschalarrangements. Regelmäßige Verbindungen von allen größeren deutschen Flughäfen, ab Salzburg, Graz, Wien und Zürich. Neben den Chartern gibt es auch Linienflüge einiger Fluggesellschaften, die aber in der Regel wesentlich teurer sind. Infos zu Sondertarifen in Ihrem Reisebüro.

Der Flughafen liegt 23 km südlich der Hauptstadt Las Palmas. Die Ferienzentren an der Costa Canaria sind im Mittel 30 km entfernt. Vom Flughafen verkehren Buslinien in die beiden wichtigen Zentren.

Mit dem Schiff: Wöchentliche Fährverbindungen (samstags) führen von Cádiz nach Las Palmas. Infos über Ihr Reisebüro oder

Unterseeboot im Hafen von Puerto de Mogán

direkt bei der Reederei Trasmediterranea (Internet www.trasmediterranea.es). Begeisterte Schiffsreisende können die Anreise auch mit einer Kreuzfahrt verbinden. Häufigster Ausgangshafen ist Genua.

ÄRZTE UND GESUNDHEIT

Gran Canaria ist ein traditionelles Ziel für Gesundheits- und Wellnesstouristen. Daher findet man in allen Zentren deutschsprachige Ärzte für jedes »Wehwehchen«. Hier haben sich auch zahlreiche Kliniken und Praxen für Spezialgebiete von Physiotherapie bis Schönheitschirurgie etabliert. Viele Einrichtungen bieten Erholung für Körper und Geist an. Wunderbar entspannen kann man etwa in Europas größtem Thalasso-Therapiezentrum Thalasoterapia Canarias Las Margaritas in San Agustín (Tel. 928/76 56 89 oder 928/77 64 04).

AUSFLÜGE

Ein beliebtes Ausflugsziel ist die Nachbarinsel Teneriffa. Mehrmals täglich verkehrt eine Expressfähre von Puerto de las Nieves nach Santa Cruz de Tenerife (Fahrzeit 1 Std.). Ein kostenloser Zubringer startet jeweils eine Stunde vor Abfahrt der Fähre in der Calle Luis Morote 4 in Las Palmas. Reservierungen und Infos gibt es bei der Reederei Fred Olsen (Tel. 902/10 01 07, Internet www.fredolsen.es).

Nicht immer so menschenleer – Gran Canarias Miniatursahara

Geführte Bus- und Schiffsausflüge werden von vielen lokalen Reisebüros angeboten, auch so genannte Jeepsafaris erfreuen sich großer Beliebtheit. Am besten beachtet man die Aushänge in den Hotels. Minikreuzfahrten für einen Tag führen von Arguineguín rund um die Insel oder an der Westküste hinaus auf das Meer. Sie locken mit vielen Inklusivangeboten (angefangen von »fun and action« bis hin zum Freibier). Reservierungen beim Veranstalter Armas Cruceros (Tel. 928/47 45 45, Internet www.naviera-armas.com).
Verschiedene Agenturen vor Ort bieten Tagesausflüge zu sehr weit entfernten Zielen wie Marokko oder gar den Senegal an. Es ist allerdings fraglich, ob sich diese teuren und sicher extrem anstrengenden Exkursionen lohnen.

AUSKUNFT

Zentrale Anlaufstelle für Fragen zu Gran Canaria ist der Patronato de Turismo, León y Castillo 17, 35003 Las Palmas, Tel. 928/21 96 00, Fax 928/21 96 01, Internet www.turismograncanaria.com. Öffnungszeiten: Mo–Fr 8–15 Uhr.
Das deutschsprachige Wochenmagazin »info Canarias«, das in allen Zeitungsläden und fast jedem Supermarkt aufliegt, bringt aktuelle Informationen und einen umfassenden Veranstaltungskalender. Allgemeine Urlaubstipps gibt der halbjährlich erscheinende »Gran Canaria Report«.

AUTOVERLEIH

Mietautos werden von zahlreichen Verleihfirmen angeboten. Außerhalb der Hauptferienzeiten ist eine Vorbestellung nicht nötig. Die Tagesmiete ist meistens teurer als die Wochenmiete,

Alte landwirtschaftliche Geräte im Museo de Piedras y Artesanía Canaria bei Ingenio

im Allgemeinen jedoch immer noch günstiger als daheim. Verlangt wird ein nationaler Führerschein, häufig auch ein Mindestalter von 21 Jahren. Der Abschluss einer Vollkaskoversicherung scheint in Anbetracht der kurvigen Bergstraßen ratsam.
Alkoholgrenze: 0,8 Promille. Geschwindigkeitsbeschränkungen: Ortschaften 60 km/h, Landstraßen 90 km/h, Autobahn 120 km/h. Vor nicht einsehbaren Kurven besteht Hup-Pflicht.

BANKEN UND GELD

Der Euro ist offizielles Zahlungsmittel. An den Bankomaten kann mit der EC-Karte Bargeld abgehoben werden. Gängige Kreditkarten werden in Hotels, Restaurants und Geschäften weitgehend akzeptiert, nicht jedoch in einfachen Pensionen oder Landgasthöfen.

CAMPING

Auf Gran Canaria gibt es zwei Campingplätze der Tourismusbehörde:
Eher für »Abenteurer« empfiehlt sich Guantánamo in Playa de Tauro, Tel. 928/56 02 07.
Ziemlich abgelegen am Berg zwischen Agüimes und Sta. Lucía findet man die Anlage Temisas, Tel. 928/79 81 49.
Zusätzlich gibt es private Campingplätze, meist im Anschluss an Appartementanlagen. Besonders attraktiv sind die Campingzonen der Forstbehörde im Inselzentrum. Hier kann man mit Genehmigung kostenlos zelten, zumeist jedoch ohne Wasser und sanitäre Anlagen. Anmeldung und Information: Centro Cultural y Medio Ambiente, Pérez Gáldos 53, 35002 Las Palmas, Tel. 928/38 41 65.
In Guía gibt es eine Jugendherberge mit Vierbettzimmern, Tel. 928/55 06 85. Die Albergue de Montaña in Tejeda verfügt über zwei Massenschlafsäle, Tel. 928/66 65 17.

EINKÄUFE UND SOUVENIRS

Zu den beliebtesten Mitbringseln zählen Erzeugnisse des Kunsthandwerks. Natürlich hat echte Handarbeit mittlerweile auch hier ihren Preis; Billigwaren sind häufig getarnte Asien- oder Südamerika-Importe. Die Förderung des traditionellen Kunsthandwerks ist erklärtes Ziel der Stiftung »Fedac«. Wer garantiert authentische Erzeugnisse erstehen will, erhält sie in den Fedac-Geschäften in Las Palmas (Domingo J. Navarro 7, Tel. 928/36 96 61) und Playa del Inglés (Avda. de España, Tel. 928/77 24 45). Ausgezeichnete Kaufgelegenheiten bietet auch die Kunsthandwerksmesse in Las Palmas, die alljährlich in der Vorweihnachtszeit stattfindet und besonders von Einheimischen für Geschenkeinkäufe genutzt wird. Beliebte Produkte sind etwa kunstvoll gefertigte Hochzeits- und Bananenmesser, Keramik, Stickereien, Korbwaren (insbesondere die typischen Bauernhüte) und Silberschmuck.

Fröhliches Markttreiben in Puerto de Mogán

Aber auch zu allen anderen Zeiten lässt es sich hier gut einkaufen. Das größte Kaufhaus der Insel ist die Filiale von **El Corte Inglés** in der Avenida Mesa y Lopez. Produkte der Elektronikindustrie dominieren im Viertel **Santa Catalina**. In der **Calle Mayor de Triana** lockt besonders Mode bekannter spanischer Marken. Auch wer hier nichts erstehen will, sollte ein paar Geschäfte besuchen, z. B. Mango, um die schöne Architektur zu bewundern.

Einen weiteren Anziehungspunkt bilden kulinarische Genüsse. Uns haben es besonders die »Tapas«, die leckeren spanischen Vorspeisen angetan. Anders als in den Touristenzentren werden sie hier in vielen Lokalen angeboten. Die größte Auswahl bietet das **Tapa en Tapa** (Calle Diderot 23, Tel. 928/49 00 55).

Außerdem sind Süßigkeiten aus Mandeln, Käsesorten von mild bis sehr würzig sowie rote und grüne »mojos« bei Leckermäulern bekannt. Bandama erzeugt den besten Wein, der vor allem aus Malvasiertrauben gewonnen wird. Berühmtestes »hochgeistiges« Souvenir ist der inseltypische Zuckerrohrlikör Ronmiel.

Modebewusste werden begeistert in den flippigen Boutiquen und schönen Schuhgeschäften stöbern. Bekannte spanische Mar-

ken wir Mango, Zara und Promod kann man hier viel günstiger erstehen, weil nur sehr geringe Steuersätze gelten. Daher sind auch Parfümeriewaren bedeutend billiger.
Vorsicht ist allerdings bei technischen Erzeugnissen wie Videoausrüstungen und Hifi-Geräten geboten: Oft wird man in den Geschäften sogar animiert, den Preis herunterzuhandeln; das günstige Schnäppchen erweist sich im Nachhinein jedoch als heillos überteuert! Warnen möchten wir auch vor den überall angebotenen »Butterfahrten«: Auf Gratisrundfahrten werden dem Gast die unterschiedlichsten Dinge von Wundermitteln bis Schmuck angedreht!

EINREISE

Spanien ist Mitglied der EU, Gran Canaria (außerhalb Europas) Mitglied der Schengen-Zone; bei der Einreise aus einem EU-Land entfallen daher die Grenzkontrollen. Personalausweis oder Reisepass sind aber dennoch stets mitzuführen. Reisende aus der Schweiz benötigen dieselben Papiere, unterliegen aber anderen → **Zollbestimmungen**.

FESTE

Der kanarische Festtagskalender wird von den großen katholischen Feiertagen dominiert. Daneben gibt es aber auch zahlreiche regionale Feste bzw. wichtige Ereignisse im bäuerlichen Jahreslauf. Hier eine Auswahl:

Januar:

5. Januar: Cabalgata de los Reyes Magos (Umzug der Heiligen Drei Könige): Vor allem ein Fest für Kinder; zahlreiche Veranstaltungen auf der gesamten Insel.

Februar:

Fiesta del Almendrero en Flor (Mandelblütenfest) in Tejeda und Valsequillo.
Der Karneval ist auf Gran Canaria das Volksfest schlechthin. Ende (nicht immer am Aschermittwoch) mit der Beerdigung der Sardine und Umzug. Große Tanzveranstaltungen im Sta. Catalina-Park (Las Palmas).

Tänzerische Darbietung am Blume Festival in Playa del Inglés

März/April:
Semana Santa (Osterwoche) mit prächtigen Prozessionen, Höhepunkte in der Inselhauptstadt.
Mai/Juni:
Dia del Corpus Christi (Fronleichnam) mit großen Prozessionen in Las Palmas, Sta. Brígida, Arucas.
23./24. Juni: Gründungsfest von Las Palmas mit traditionellem Feuerwerk.
Juli:
16. Juli: Höhepunkt der Festlichkeiten Nuestra Señora del Carmen, der Schutzpatronin der Fischer, mit Seeprozessionen in vielen Hafenorten.
25. Juli: Am Tag des spanischen Nationalheiligen, Santiago Apóstol (Apostel Jakobus), gibt es Folklore und Umzüge insbesondere in San Bartolomé und Gáldar.
August:
5. August: Ein buntes Volksfest in Agaete, die Fiesta de la Rama, geht auf einen altkanarischen Brauch zurück, bei dem Palmwedel (»ramas«) auf das Meer geschlagen werden, um von den Göttern Regen und damit eine fruchtbare Ernte zu erbitten.
27. August: Fiesta de la Virgen de la Cuevita, Fest zu Ehren der Höhlenjungfrau, in Artenara.
September:
8. September: Höhepunkt der Fiesta de Nuestra Señora del Pino (Fest der Schutzpatronin der Insel) in Teror.
10. September: Ein wildes Spektakel ist die Fiesta del Charco (Schlammfest) in San Nicolás: Alle werfen sich in voller Montur ins schlammige Nass.
Oktober:
erster Sonntag: Fiesta de la Manzana (Apfelfest) in Valleseco.
6. Oktober: Die Fiesta de la Nuestra Señora de la Luz (Marienfest) in Las Palmas erinnert an den Sieg der Stadt über die englischen Admiräle Francis Drake und John Hawkins gegen Ende des 16. Jhs.
12. Oktober: Dia de la Hispanidad (Nationalfeiertag) anlässlich der Entdeckung Amerikas.
November:
17. November: Höhepunkt der Fiestas de San Gregorio mit Volksfest in Telde.

Ab Ende November: Seit 1960 wird jährlich das Blume Festival gefeiert; es erinnert an den Turn-Europameister Joaquim Blume, der bei einem Flugzeugabsturz verunglückte. Internationale Gymnastik-/Tanzvorführungen in allen größeren Orten.

Dezember:

2.–18. Dezember: Fiestas de Sta. Lucia (Dorffest) in Sta. Lucia de Tirajana.

FREIZEITPARKS

Zahlreiche Freizeitparks unterschiedlichsten Niveaus – Gokartbahnen und Wasser- und Themenparks – buhlen um die Gunst der Besucher. Folder bei den lokalen Touristen-Informationsbüros, der zentralen → **Auskunft** und an vielen Rezeptionen.

Seekarte aus dem 17. Jh. in der Casa de Colón

KARTEN

Ein trauriges Kapitel! Zwar haben alle renommierten Verlage die Insel in ihrem Programm, doch sind die Karten fehlerhaft bzw. nicht auf dem aktuellen Stand. Vor Ort gibt es zum Teil Unterlagen, die auf den sehr guten, aber leider veralteten Militärkarten basieren.

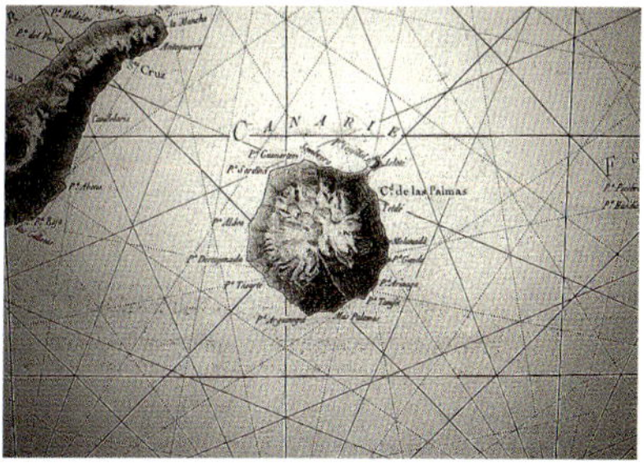

MÄRKTE

Vielfältige Mitbringsel erhält man auf traditionellen Märkten:
Las Palmas: So 8–14 Uhr Flohmarkt auf dem Dach des Busbahnhofs im Parque San Telmo; So 11–15 Uhr Kunsthandwerksmarkt auf der Terrasse des Einkaufszentrums »Las Arenas«.
Arguineguín: Di 8–14 Uhr auf dem Marktplatz.
San Fernando: Mi und Sa 8–14 Uhr in den Markthallen.
Mogán: Fr 8–14 Uhr am Hafen.
San Mateo: So 8–14 Uhr.
Teror: So 8–14 Uhr.
San Bartolomé-Casco: So 9–14 Uhr.

MOUNTAINBIKE

Diese Trendsportart beginnt sich erst zu etablieren. Im Süden gibt es bereits fünf offiziell ausgewiesene Bikerouten. Die vielen

Markt mit exotischen Früchten und knackigem Gemüse

Forstpisten bieten ideale Grundvoraussetzungen für abwechslungsreiches Radvergnügen.

MUSEEN

Gran Canaria ist mehr Erholungs- denn Bildungsinsel. In Las Palmas (→ **Tour 1**) finden sich aber einige interessante Sammlungen. Viele neue Museen und Infozentren sind gerade im Entstehen (→ **Tipps bei den entsprechenden Touren**).

NACHTLEBEN

Zentrum des einheimischen Nachtlebens ist Las Palmas mit zahlreichen Straßencafés, Kneipen, Pubs und Diskotheken. An der Costa Canaria geht es teilweise hoch her: Von Bikinibars bis Karaoke wird alles geboten. Wer es stiller liebt, sollte diese Region eher meiden.

NACKTBADEN

Zwischen Maspalomas und Playa del Inglés gibt es eine große »Zona Naturista«. Nur in so gekennzeichneten Bereichen ist Nacktbaden offiziell erlaubt. Ansonsten muss man mit Strafen rechnen. »Oben ohne«-Sonnenbaden ist in den Touristenorten durchaus üblich.

NOTFÄLLE

Über die allgemeine Notrufnummer 112 erreicht man Tag und Nacht Krankenwagen, Polizei und Feuerwehr. In weniger akuten

Fällen werden unter Tel. 928/72 34 29 die Policía Local oder unter Tel. 928/76 40 00 das Polizeikommissariat angewählt.
Ärztliche Notdienste und Unfallhilfe des Roten Kreuzes: Tel. 928/22 22 22 (Las Palmas), Tel. 928/76 22 22 (San Agustín), Tel. 928/56 92 22 (Arguineguín und Mogán). Ein alpiner Rettungsdienst existiert auf Gran Canaria nicht.

ÖFFENTLICHE VERKEHRSMITTEL

Bei Streckenwanderungen sind die öffentlichen Buslinien einem Leihwagen vorzuziehen. Das Busliniennetz um die Hauptstadt (chronischer Parkplatzmangel) und zu den wichtigsten Orten und Ausflugszielen ist sehr dicht und erlaubt ein einfaches Vorankommen. Entlegenere Bergorte werden oft nur einmal täglich angefahren und dies zu Zeiten, die für Wanderer manchmal ungünstig sind. Fahrpläne in den Touristen-Informationsbüros, bei der zentralen →**Auskunft** und in vielen Hotels. Neuerdings bedient Global als einziges Unternehmen die gesamte Insel (Tel. 902/ 38 11 10, Internet www.globalsu.net).

Bei Cruz Grande warten wir auf den Bus.

An der Südküste zwischen Arguineguín und Puerto de Mogán pendeln mehrmals täglich Glasbodenfähren. Besonders an den Markttagen sehr beliebt! Aktuelle Fahrpläne an den Abfahrtshäfen.
Taxifahrten sind relativ billig; nahezu alle Fahrzeuge verfügen über ein Taxameter. Bei Überlandtouren gelten Richtpreise, nach denen man sich vor Antritt der Fahrt im Hotel oder bei einer Touristeninformation erkundigen sollte. Der tatsächliche Fahrpreis ist dann oft Verhandlungssache.

ÖFFNUNGSZEITEN

Öffnungszeiten werden in Spanien liberaler gehandhabt als in Mitteleuropa. In der Regel gelten folgende Zeiten:
Geschäfte: Mo–Fr 9(10)–13 und 16–20 Uhr, Sa bis 13 Uhr. Einkaufszentren und Supermärkte meist 8–20 Uhr, manchmal abends länger und auch an Wochenenden oder Feiertagen geöffnet.

Banken: Mo–Fr 9–14 Uhr, Sa bis 13 Uhr.
Postämter: Mo–Fr 8–14 Uhr, Sa bis 13 Uhr.
Restaurants: sehr unterschiedlich, in der Regel 12–16 Uhr und 20–24 Uhr, in den Touristenzentren ganztägig warme Küche.

POST

Briefmarken erhält man in Postämtern und lizenzierten Verkaufsstellen – in den Touristenhochburgen überall, wo es Postkarten gibt. Man kann seine Post auch mit briefmarkenähnlichen Aufklebern privater Unternehmen (z. B. TNT) frankieren und in deren spezielle Boxen (häufig in Supermärkten) einwerfen.

Die Passionsblume

REISE- UND WANDERZEIT

Gran Canaria wird ihrem Ruf als Insel des ewigen Frühlings gerecht – die Wandersaison erstreckt sich über das ganze Jahr. An der Küste sind die Sommer dank der Passatwinde weniger heiß als in anderen südlichen Regionen, die Tagestemperaturen liegen zwischen 21 und 30 °C. Selbst im Winter bleibt es hier mit 19 bis 24 °C angenehm mild. Doch Vorsicht: Im Bergland kann es von Dezember bis März empfindlich kalt werden. Außerdem regnet es dann häufiger; an 1–2 Tagen strömen alle Küstenbewohner in die Berge, um ein paar Schneeflocken zu bewundern. Gefährlich ist zu dieser Zeit der blitzartig einfallende Nebel – akute Verirrungsgefahr!
Wir haben die Insel im Spätherbst allerdings ganz anders erlebt: gewaltige Stürme an der Küste, im Bergland Ende November untertags starker Regen mit heftigen Windböen und nachts frostige Kälte. Daher raten wir, im Winterhalbjahr auf jeden Fall ein paar wirklich warme Sachen einzupacken!

REITEN

Die schönsten Ausblicke der Insel lassen sich auch zu Pferd entdecken. Diese Sportart wird immer öfter angeboten, z. B. El Salobre nahe Maspalomas (Tel. 928/14 03 78, E-Mail canyonhorsefarm@terra.es) und Rancho Grande bei Playa del Inglés (Tel. 928/72 81 15).

RESTAURANTS

Die Gasthöfe und Restaurants Gran Canarias vermitteln einen kulinarischen Querschnitt durch Küche und landwirtschaftlich-fischereiliche Produktion der Insel. In den Touristenzentren reiht sich ein Restaurant an das andere, die Besitzer wechseln rasch, die Qualität ist sehr unterschiedlich. Bei den Wanderbeschreibungen finden sich bereits einige Anregungen guter Adressen. Hier eine weitere Auswahl:

Agaete: Casa Pepe, beliebtes Einheimischenrestaurant, Tel. 928/89 82 27.

Arinaga: La Farola, exquisites Fischlokal, Langusten aus eigener Farm, Tel. 928/18 04 10.

Arucas: Mesón de la Montaña, günstiges Restaurant mit Panoramablick, Tel. 928/60 08 44.

Gáldar: Fragata, ausgezeichnetes Fischlokal im Ortsteil Puerto de Sardina, Tel. 928/88 32 96.

Las Palmas: Rias Bajas, Calle Simon Bolivar 3, erlesene Meeresfrüchte und -fische, beste spanische Weine, Tel. 928/27 13 16 oder 928/27 34 61. La Casita, Calle Leon y Castillo 227, hervorragende Grillgerichte von argentinischem Rind, Tel. 928/23 46 99 oder 928/24 38 31. El Pote, Calle Juan Manuel Durán 41, kleines, gemütliches Restaurant mit lokalen Spezialitäten, Tel. 928/27 80 58.

Playa del Inglés: Atlanticus, gute Küche in der Restaurantmeile am Strand, Tel. 928/76 50 01. La

Sangría, ein köstliches Getränk

Casa Vieja, typisches Einheimischenlokal, Kaninchen und Ziegenspezialitäten, Tel. 928/76 27 36.

Puerto de Mogán: Puerto Grill, super Vorspeisen, Spezialität Thunfischschinken, Tel. 928/56 52 38. La Tortuga, gediegene Küche, köstliche Erdbeersangría, Tel. 928/56 56 70. Playa de Mogán, bestes Fischlokal im Ort, Tel. 928/56 51 35.

San Agustín: Rincón Canario, sehr gute Fische direkt am Strand, Tel. 928/77 43 21.

Telde: Mesón Cinco Jotas, absolutes Spitzenrestaurant, berühmt für seinen Schinken, Tel. 928/69 55 20.

Vega de San Mateo: Cho Zacarías, ausgezeichnete kanarische Küche im Bauernhofmuseum, Tel. 928/66 06 27.

SICHERHEIT

Gran Canaria ist ein sicheres Reiseziel. In den Touristenzentren des Südens und in Las Palmas kommt es allerdings häufiger zu Diebstählen – daher keine Wertsachen im Leihwagen zurücklassen. Bargeld, Schecks etc. sind am besten im Hotelsafe aufgehoben. Frauen können problemlos allein unterwegs sein, Belästigungen bilden eine seltene Ausnahme.

SPRACHE UND VERSTÄNDIGUNG

Landessprache ist Spanisch, wobei einige rein kanarische Ausdrücke eingestreut sind. In den Touristenorten der Südküste versteht jedermann Deutsch, im Norden und in den Bergen kommt man mit Englisch besser zurecht.

TELEFONIEREN

Die internationale Vorwahl für Spanien ist 0034. Seit 1998 bilden die Ortskennzahlen mit führender 9 einen fixen Bestandteil der Rufnummer (928 für Gran Canaria – dieser Teil der Telefonnummer muss immer mitgewählt werden). Für Gespräche ins Ausland gelten die üblichen Vorwahlen: Deutschland 0049, Österreich 0043, Schweiz 0041. Die »0« der Ortsvorwahlen ist hier wegzulassen.

Überall auf der Insel finden sich Münz- und Kartenfernsprecher. Telefonwertkarten erhält man in Postämtern und autorisierten Läden. Das Mobilfunknetz ist flächendeckend ausgebaut und funktioniert auch außerhalb der Orte, in manchen Gebirgsregionen allerdings nur begrenzt.

TRINKGELDER

Trinkgelder sind grundsätzlich im Preis inbegriffen, doch ist es in Bars, Restaurants, bei Taxifahrten und Frisörbesuchen üblich, den Preis aufzurunden.

TRINKWASSER

Nur mehr wenige Quellen spenden erfrischendes Wasser.

Das Leitungswasser ist stark gechlort und daher nicht wirklich schmackhaft. Am günstigsten versorgt man sich mit den großen 5 l-Flaschen Trinkwasser, die es in allen Lebensmittelgeschäften und an vielen Rezeptionen zu kaufen gibt.

UHRZEIT

Es gilt die Westeuropäische Zeit; daher ist es immer eine Stunde früher als in Mitteleuropa. Die Umstellung von Sommer- auf Winterzeit erfolgt im Einklang mit den anderen EU-Staaten.

UNTERKUNFT

In allen größeren Orten Gran Canarias stehen verschiedenste Unterkunftsmöglichkeiten zur Verfügung. Obwohl in der Regel Pauschalpakete gebucht werden, möchten wir im Folgenden einige empfehlenswerte Häuser zur ersten Orientierung auflisten:

Agaete: Puerto de las Nieves, sehr familiäres Hotel, Tel. 928/88 62 56.

Arguineguín: Dorado Beach, Aparthotel direkt am Meer, Tel. 928/15 07 80. Steigenberger La Canaria, eines der besten Hotels des gesamten Archipels, Tel. 928/15 04 00.

Las Palmas: Reina Isabel, traditionsreiches Fünfsterne-Haus, das direkt am Canteras-Strand liegt, Tel. 928/26 01 00, E-Mail h.reina.isabel1@retemail.es.

Maspalomas: IFA Faro, gepflegtes Hotel mit direktem Strandzugang, Tel. 928/14 22 14.

Playa del Inglés: IFA Continental, lebhaftes Hotel mit Clubcharakter, Tel. 928/76 00 33, E-Mail continental@ifacanarias.es. Eugenia Victoria, eines der beliebtesten Hotels, Tel. 928/76 25 00.

Puerto de Mogán: Club de Mar, Zimmer zum Wohlfühlen und romantische Appartements, Tel. 928/56 54 38.
Sta. Brígiía: Escuela Sta. Brigida, stilvolles Haus mit angeschlossener Hotelfachschule, Tel. 928/35 55 11.

So malerisch kann auch Ihr Quartier sein.

URLAUB AUF DEM LAND

Besonders im Trend liegt Urlaub auf alten Landgütern, den so genannten Fincas, und in kleinen, romantischen Landhotels. Einige dieser Unterkünfte sind auch über Reiseveranstalter zu buchen, das größte Angebot hat derzeit Jahn-Reisen (www.jahn-reisen.de). Wesentlich umfangreichere Wahlmöglichkeiten bieten lokale Agenturen, wie etwa RETUR (Asociación de Turismo Rural), C/ Lourdes 2, 35320 Vega de San Mateo, Tel. 928/66 16 68, oder Gran Canaria Rural, Las Canteras 7, 35008 Las Palmas, Tel. 928/46 25 47. Ferienhäuser werden auch über das Internet vermittelt, wie z. B. unter www.canrei.de.

WASSERSPORT

Gran Canaria bietet unzählige Möglichkeiten für Wassersportler. Besonders im Süden laden ausgedehnte Strände, allen voran die Dünen von Maspalomas zum **Schwimmen** ein. Wer Süßwasser vorzieht, findet Unterkünfte mit fantasievollen Poollandschaften. Für Kinder und Junggebliebene bieten Aquaparks ein nasses Vergnügen; die größte Anlage ist AquaSur bei Maspalomas, Tel. 928/14 05 25.

Tauchen wird immer populärer. Zwar kann der Atlantik nicht mit tropischen Korallenriffen mithalten, doch bekommt man eine erstaunliche Vielfalt an Hochseefischen und anderen ozeanischen Tieren zu sehen. Einer der fischreichsten Tauchgründe befindet sich im Unterwasserschutzgebiet Reserva Marina del Cabron bei Arinaga. Weitere Hotspots liegen vor dem Hafen von Pasito Blanco und der Punta del Sur, dem südlichsten Tauchplatz Euro-

pas. Die Umgebung von Las Palmas ist ein Dorado für Wracktaucher – etwa 300 untergegangene Schiffe sind registriert.

Auch für Sportler gibt es genug Abwechslung.

Die beständig wehenden Passatwinde schaffen ideale Voraussetzungen für **Segler** und **Windsurfer**. Typisch für die Kanaren ist das Lateinsegel, bei dem es vor allem um das Segeln gegen den Wind geht. Die Häfen von Las Palmas und Puerto de Mogán bilden beliebte Treffpunkte für Hochseesegler aller Nationen. Im November startet in der Hauptstadt die transatlantische Regatta ARC. Surfer tummeln sich vor allem an der Ost- und Südküste. Im wildesten Revier bei Pozo Izquierdo trifft man auf echte Profis – wie man hört, die schönsten Männer auf Gran Canaria …

Eine abenteuerliche, wenn auch aus ökologischen und ethischen Gründen nicht gerade unbedenkliche Sportart ist das **Hochseeangeln**. Gelegenheit dazu gibt es besonders in Puerto de Mogán. Hauptbeute sind Schwertfisch, Thun und verschiedene Haiarten.

ZOLL

Jenseits von Europa – obwohl Spanien Mitglied der EU ist – werden die Kanaren als Drittland behandelt. Es gelten daher für bestimmte Waren Einfuhrbeschränkungen nach Deutschland, Österreich bzw. in die Schweiz: pro Reisendem (ab 17 Jahre) 200 Zigaretten oder 100 Zigarillos oder 50 Zigarren oder 250 g Rauchtabak; 2 l Wein oder 1 l Spirituosen über 22 %; 50 ml Parfum oder 250 ml Eau de Toilette. Für Schweizer Staatsbürger gelten zudem Einfuhrgrenzen für Kaffee (250 g) und für Reisemitbringsel (100 SFr).

REGISTER

GRAN GANARIA

KARTEN

ZUM HERAUSNEHMEN

BRUCKMANN

1 Stadtrundgang in Las Palmas

Etappen: Parque San Telmo – Vegueta – Santa Catalina – Playa de las Canteras

	leicht
	8 km
	2 Std.
	↑90 m ↓90 m
	ja

Ausgangspunkt: Busstation am Parque San Telmo.
Endpunkt: Playa de las Canteras
Wanderkarten: Stadtplan 1:23 000 in der Kompass-Wanderkarte 237 Gran Canaria, 1:50 000. Detailplan der Zona Vegueta und Triana gratis an den Infoständen.
Markierung: Straßenschilder und Wegweiser zu einzelnen Sehenswürdigkeiten.
Verkehrsanbindung: Die Hauptstadt ist mit allen Orten der Insel durch Buslinien verbunden, die ihren Knotenpunkt im Untergeschoss der Stadtautobahn am Parque San Telmo haben. Innerhalb von Las Palmas verkehren gelbe Stadtbusse. Für Pkws gibt es wenig Parkplätze, am ehesten in Tiefgaragen.
Einkehr: Verschiedenste Restaurants, Cafés und Bars in fast allen Stadtteilen.
Unterkunft: Las Palmas bietet Unterkunftsmöglichkeiten aller Art.
Tourist-Info: Patronato de Turismo, León y Castillo 17, 35003 Las Palmas (Tel. 928/21 96 00). Kleine Infostände an wichtigen Plätzen, z. B. im Parque San Telmo, an der Plaza de las Ranas und am Parque Sta. Catalina.

2 Im Botanischen Garten Viera y Clavijo

Etappen: Entrada Alta – Plaza Matías Vega – Entrada Alta

Schwierigkeit	leicht
km	3 km
Zeit	1 Std.
Höhenmeter	↑90 m ↓90 m
Kinder	ja

Ausgangs-/Endpunkt: Oberer Eingang zum Garten in Tafira Alta.
Wanderkarte: Keine. Übersichtsplan am Eingang.
Markierung: Wegweiser zu allen wichtigen Punkten.
Verkehrsanbindung: Die Buslinie 58 verkehrt vom Parque San Telmo nach Tafira. Sagen Sie dem Fahrer, dass Sie am »Jardín Canario« aussteigen möchten, damit er dort auch hält. Mit dem Pkw verlässt man Las Palmas über die GC 811 in Richtung Tafira, gleich nach der Universität zweigt rechts eine schmale Zufahrt (leicht zu übersehen!) zum Garten ab; ausreichend Parkmöglichkeiten.
Einkehr: Restaurant am oberen Eingang, Einkehrmöglichkeiten aller Art in der Stadt.
Unterkunft: Las Palmas bietet Unterkunftsmöglichkeiten aller Art.
Tourist-Info: Patronato de Turismo, León y Castillo 17, 35003 Las Palmas, Tel. 928/21 96 00.

3 In die Caldera de Bandama

Etappen: Casa de la Caldera – Mirador – Kratergrund – Casa de la Caldera

leicht

4 km

2 Std.

↑180 m ↓180 m

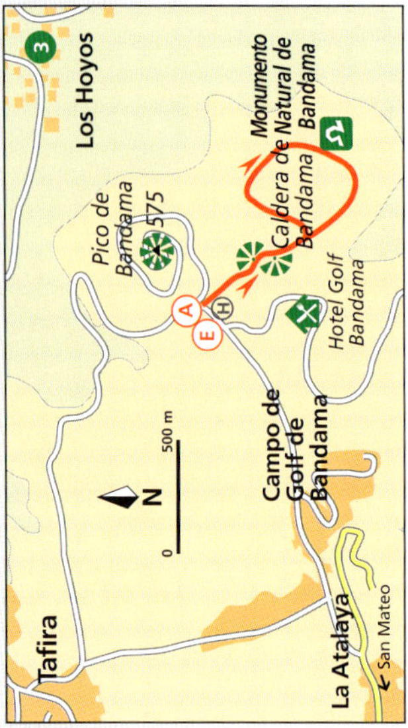

Ausgangs-/Endpunkt: Casa de la Caldera im Weiler Bandama.
Wanderkarte: Kompass-Wanderkarte 237 Gran Canaria, 1:50 000.
Markierung: Keine.
Verkehrsanbindung: Die Buslinien 311 und 312 verbinden Bandama mit der Hauptstadt, Haltestelle direkt am Ausgangspunkt. Mit dem Pkw auf der GC 811 und der neuen Umfahrung Tafira Richtung Sta. Brigida. Am oberen Ortsrand von Tafira den Hinweistafeln zum Mirador de Bandama folgen bis zur Abzweigung der Straße auf den Gipfel. Hier beschränkte Parkmöglichkeiten.
Einkehr: Am Weg keine, Aussichtslokal (Herbst 2001 in Bau) auf der Straße zum Mirador, Golfhotel in Bandama.
Unterkunft: Golfhotel in Bandama. Bekanntes, stilvolles Hotel in Sta. Brigida mit angeschlossener Hotelfachschule, Tel. 928/35 55 11.
Tourist-Info: Patronato de Turismo, León y Castillo 17, 35003 Las Palmas, Tel. 928/21 96 00.

4 Von Agaete zur Playa de Guayedra

Etappen: Agaete – Playa de Guayedra – Las Longueras – Agaete

mittel

7 km

2 Std.

↑460 m ↓460 m

Ausgangs-/Endpunkt: Kirchplatz von Agaete.
Wanderkarten: Kompass-Wanderkarte 237 Gran Canaria, 1:50 000. Mapa de las Carreteras del Cabildo Insular, 1:65 000.
Markierung: An den Straßen Hinweisschilder, am Wegverlauf weiße Markierungspunkte auf Stein.
Verkehrsanbindung: Die Buslinien 102 (in das Valle de Agaete) und 103 (nach Puerto de las Nieves) verbinden Las Palmas mit Agaete. Mit dem Pkw auf der Autobahn GC 2 und der Landstraße GC 810.
Einkehr: Bars und Restaurants in Agaete und Puerto de las Nieves.
Unterkunft: Hotels und Appartements in Agaete und Puerto de las Nieves. Fincas im Valle de Agaete.
Tourist-Info: Patronato de Turismo, León y Castillo 17, 35003 Las Palmas, Tel. 928/21 96 00.

5 Von San Pedro auf den Tamadaba

Etappen: San Pedro – Presa de los Pérez – Tamadaba – San Pedro

mittel

21 km

6 Std.

↑1070 m ↓1070 m

Ausgangs-/Endpunkt: San Pedro im Barranco de Agaete.
Wanderkarten: Kompass-Wanderkarte 237 Gran Canaria, 1:50 000. Mapa de las Carreteras del Cabildo Insular, 1:65 000.
Markierung: Keine.
Verkehrsanbindung: Die Buslinie 102 verbindet Las Palmas mit dem Barranco de Agaete, Haltestelle in San Pedro. Mit dem Pkw auf der Autobahn GC 2 und der Landstraße GC 810 bis Agaete; im Ort den Wegweisern ins Tal folgen.
Einkehr: Bar in San Pedro, Restaurant in Los Berrazales.
Unterkunft: Hotel in Los Berrazales, Fincas im Barranco de Agaete und Campingplatz am Tamadaba.
Tourist-Info: Patronato de Turismo, León y Castillo 17, 35003 Las Palmas, Tel. 928/21 96 00. Punto de Información Turistica de Artenara, Camino de la Silla s/n, 35350 Artenara, Tel. 928/66 61 17.

6 Von Artenara nach Los Berrazales

Etappen: Artenara – Cruz de las Mentiras – Lugarejos – Los Berrazales

	mittel
	10 km
	3 Std.
	↑0 m ↓850 m

Ausgangspunkt: Kirchplatz von Artenara (1220 m).
Endpunkt: Los Berrazales.
Wanderkarten: Kompass-Wanderkarte 237 Gran Canaria, 1:50 000. Mapa de las Carreteras del Cabildo Insular, 1:65 000.
Markierung: Straßenschilder und weiße Markierungspunkte.
Verkehrsanbindung: Die Busse der Linie 220 fahren mehrmals täglich von Las Palmas über Teror nach Artenara. Von Los Berrazales mit der Linie 102 zurück in die Hauptstadt. Anreise mit dem Pkw nicht zu empfehlen, da Ausgangs- und Endpunkt weit voneinander entfernt und nicht direkt durch öffentliche Verkehrsmittel verbunden sind.
Einkehr: Restaurants in Artenara und Los Berrazales, Bar im Dorfladen von Lugarejos.
Unterkunft: Hotel in Los Berrazales, Pension und Fincas in Artenara.
Tourist-Info: Patronato de Turismo, León y Castillo 17, 35003 Las Palmas, Tel. 928/21 96 00. Punto de Información Turistica de Artenara, Camino de la Silla s/n, 35350 Artenara, Tel. 928/66 61 17.

7 Von Artenara zum Pinar de Tamadaba

Etappen: Artenara – Cruz de María – Siete Pinos – Artenara

Schwierigkeit	mittel
Strecke	17 km
Dauer	5 Std.
Höhenunterschied	↑400 m ↓400 m
Familienfreundlich	ja

Ausgangs-/Endpunkt: Kirchplatz von Artenara (1220 m).
Wanderkarten: Kompass-Wanderkarte 237 Gran Canaria, 1:50 000. Mapa de las Carreteras del Cabildo Insular, 1:65 000.
Markierung: Hinweisschilder an den Straßenstücken, Steinmännchen.
Verkehrsanbindung: Busse der Linie 220 mehrmals täglich von Las Palmas über Teror nach Artenara. Mit dem Pkw über die GC 811 von Las Palmas über Vega de San Mateo und Cruz de Tejeda zum Ausgangspunkt.
Einkehr: Restaurants in Artenara, unterwegs keine.
Unterkunft: Pension und Fincas in Artenara, Campingplätze am Tamadaba.
Tourist-Info: Información Turistica de Artenara, Camino de la Silla s/n, 35350 Artenara, Tel. 928/66 61 17.

8 Panoramaweg nach Acusa

Etappen: Artenara – Acusa Seca – Acusa Verde – Artenara

Schwierigkeit	mittel
Strecke	15 km
Dauer	5 Std.
Höhenunterschied	↑700 m ↓700 m

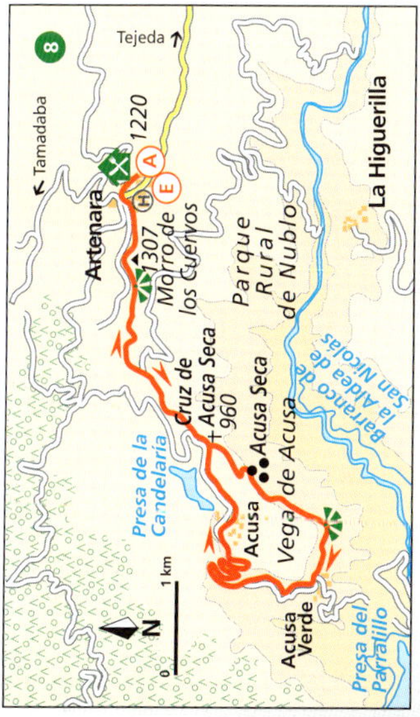

Ausgangs-/Endpunkt: Kirchplatz von Artenara (1220 m).
Wanderkarten: Kompass-Wanderkarte 237 Gran Canaria, 1:50 000. Mapa de las Carreteras del Cabildo Insular, 1:65 000.
Markierung: Hinweisschilder an den Straßen, sonst keine.
Verkehrsanbindung: Busse der Linie 220 mehrmals täglich von Las Palmas über Teror nach Artenara. Mit dem Pkw über die GC 811 von Las Palmas über Vega de San Mateo und Cruz de Tejeda zum Ausgangspunkt.
Einkehr: Restaurants in Artenara, unterwegs keine.
Unterkunft: Pension und Fincas in Artenara, Campingplätze am Tamadaba.
Tourist-Info: Punto de Información Turistica de Artenara, Camino de la Silla s/n, 35350 Artenara, Tel. 928/66 61 17.

Wandern kompakt Gran Canaria
www.bruckmann.de

9 Von Cruz de Tejeda nach Artenara

Etappen: Cruz de Tejeda – Degollada de las Palomas – Moriscos – Artenara

leicht

9 km

2–3 Std.

↑ 260 m
↓ 550 m

ja

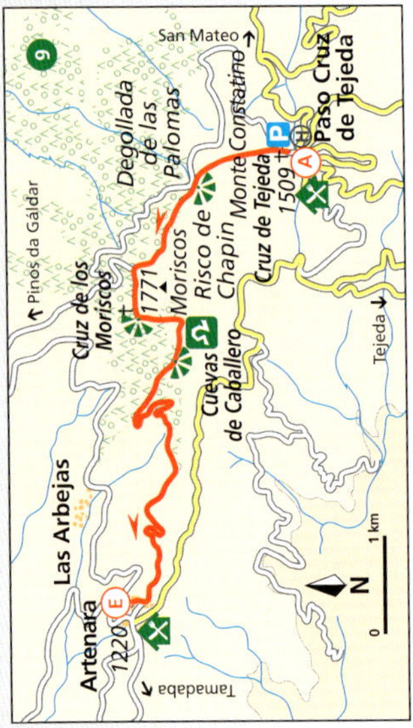

Ausgangspunkt: Cruz de Tejeda (1509 m).
Endpunkt: Kirchplatz von Artenara (1220 m).
Wanderkarten: Kompass-Wanderkarte 237 Gran Canaria, 1:50 000. Mapa de las Carreteras del Cabildo Insular, 1:65 000.
Markierung: Hinweisschilder an den Straßen, sonst keine.
Verkehrsanbindung: Die wichtige Kreuzung Cruz de Tejeda wird von Bussen aus der Hauptstadt (Linie 305) und aus dem Süden (Linie 18) angefahren. Mit dem Pkw über die GC 811 von Las Palmas über Vega de San Mateo zum Cruz de Tejeda. Von Süden durch den Barranco de Fataga nach San Bartolomé de Tirajana und weiter über die GC 815/811.
Einkehr: Restaurant und Bar am Cruz de Tejeda und Restaurants in Artenara, unterwegs keine.
Unterkunft: Hotels am Cruz de Tejeda, Pension und Fincas in Artenara.
Tourist-Info: Punto de Información Turistica de Artenara, Camino de la Silla s/n, 35350 Artenara, Tel. 928/66 61 17.

10 Von Cruz de Tejeda nach Teror

Etappen: Cruz de Tejeda – Cuevas de Corcho – El Lomo de la Rosa – Teror

mittel

12 km

3 Std.

↑ 100 m
↓ 1000 m

ja

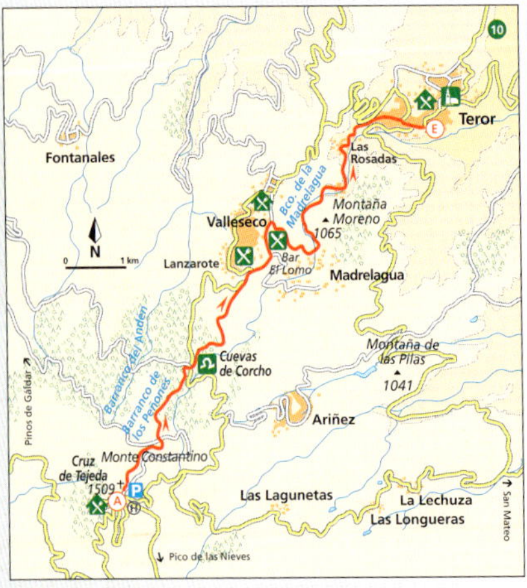

Ausgangspunkt: Cruz de Tejeda (1509 m).
Endpunkt: Zentrum von Teror.
Wanderkarten: Kompass-Wanderkarte 237 Gran Canaria, 1:50 000. Mapa de las Carreteras del Cabildo Insular, 1:65 000.
Markierung: Hinweisschilder an den Straßen, sonst keine.
Verkehrsanbindung: Die wichtige Kreuzung Cruz de Tejeda wird von Bussen aus der Hauptstadt (Linie 305) und von Süden aus (Linie 18) angefahren. Die Buslinien 216, 217 und 220 führen von Teror nach Las Palmas. Mit dem Pkw über die GC 811 von Las Palmas über Vega de San Mateo zum Cruz de Tejeda. Von Süden durch den Barranco de Fataga nach San Bartolomé de Tirajana und weiter über die GC 815/811. Von Teror mit den Buslinien 214 und 305 zurück zum Auto, einfacher jedoch mit dem Taxi.
Unterkunft: Hotels am Cruz de Tejeda, Fincas in Valleseco und in der Umgebung von Teror.
Tourist-Info: Patronato de Turismo, León y Castillo 17, 35003 Las Palmas, Tel. 928/21 96 00. Infopoint im Museo Abraham Cárdenes, C/ Leocadio Cabrera 3, 35360 Tejeda, Tel. 928/66 61 89.

Wandern kompakt Gran Canaria
www.bruckmann.de

11 Zum Krater Pinos de Gáldar

Etappen: Fontanales – Mirador Pinos de Gáldar – Fontanales

leicht

8 km

3 Std.

↑500 m
↓500 m

ja

Ausgangs-/Endpunkt: Fontanales.
Wanderkarten: Kompass-Wanderkarte 237 Gran Canaria, 1:50 000. Mapa de las Carreteras del Cabildo Insular, 1:65 000.
Markierung: Nur Straßenschilder.
Verkehrsanbindung: Mit den Buslinien 116 und 117 erreicht man Fontanales von Las Palmas, mit der Linie 113 von Gáldar. Im Pkw auf der GC 2, dann die beschilderte Landstraße nach Moya und weiter zum Ausgangspunkt.
Einkehr: Bars und Restaurant in Fontanales, Spitzenrestaurant an der Landstraße Moya – Fontanales.
Unterkunft: Hotel und Fincas in Fontanales.
Tourist-Info: Patronato de Turismo, León y Castillo 17, 35003 Las Palmas, Tel. 928/21 96 00.

12 Von Cruz de Tejeda nach Las Lagunetas

Etappen: Cruz de Tejeda – Barranco de la Mina – Las Lagunetas – Cruz de Tejeda

mittel

8 km

3 Std.

↑400 m
↓400 m

Ausgangs-/Endpunkt: Cruz de Tejeda (1509 m).
Wanderkarten: Kompass-Wanderkarte 237 Gran Canaria, 1:50 000. Mapa de las Carreteras del Cabildo Insular, 1:65 000.
Markierung: Hinweisschilder an den Straßen, sonst keine.
Verkehrsanbindung: Cruz de Tejeda wird von Bussen aus der Hauptstadt (Linie 305) und den Tourismuszentren im Süden (Linie 18) angefahren. Mit dem Pkw über die GC 811 von Las Palmas über Vega de San Mateo zum Cruz de Tejeda. Vom Süden durch den Barranco de Fataga nach San Bartolomé de Tirajana und weiter über die GC 815/811.
Einkehr: Restaurants und Bars am Cruz de Tejeda sowie in Las Lagunetas.
Unterkunft: Parador am Cruz de Tejeda, Unterkünfte verschiedener Art in Tejeda.
Tourist-Info: Patronato de Turismo, León y Castillo 17, 35003 Las Palmas, Tel. 928/21 96 00. Infopoint im Museo Abraham Cárdenes, C/ Leocadio Cabrera 3, 35360 Tejeda, Tel. 928/66 61 89.

13 Von Cruz de Tejeda nach El Aserrador

Etappen: Cruz de Tejeda – La Culata – Tablón del Nublo – El Aserrador

mittel
13 km
4 Std.
↑530 m
↓700 m
ja

Ausgangspunkt: Cruz de Tejeda (1509 m). Endpunkt: Degollada del Aserrador.
Wanderkarte: Mapa de las Carreteras del Cabildo Insular, 1:65 000.
Markierung: Hinweisschilder an den Straßen, sonst keine.
Verkehrsanbindung: Die wichtige Kreuzung Cruz de Tejeda wird von Bussen aus der Hauptstadt (Linie 305) und aus dem Süden (Linie 18) angefahren. Mit dem Pkw über die GC 11 von Las Palmas über Vega de San Mateo zum Cruz de Tejeda. Von Süden durch den Barranco de Fataga nach San Bartolomé de Tirajana und weiter über die GC 815/811. Die Buslinie 18 verbindet auch El Aserrador mit dem Cruz de Tejeda.
Einkehr: Restaurant und Bar am Cruz de Tejeda, Bars in La Culata.
Unterkunft: Hotels am Cruz de Tejeda, Unterkünfte verschiedener Art in Tejeda.
Tourist-Info: Patronato de Turismo, León y Castillo 17, 35003 Las Palmas, Tel. 928/21 96 00. Infopoint im Museo Abraham Cárdenes, C/ Leocadio Cabrera 3, 35360 Tejeda, Tel. 928/66 61 89.

14 Rundwanderung durch die Cumbre

Etappen: Las Mesas – La Culata – Corral de los Juncos – Las Mesas

mittel
11 km
3 Std.
↑500 m
↓500 m
ja

Ausgangs-/Endpunkt: Picknickplatz Las Mesas.
Wanderkarte: Mapa de las Carreteras del Cabildo Insular, 1:65 000.
Markierung: Einzelne Schilder, ansonsten keine.
Verkehrsanbindung: Keine Busverbindung. Mit dem Pkw vom Cruz de Tejeda über die Kreuzung auf der Ebene Llanos de la Pez oder von Ayacata über La Goleta (→ **Tour 16**) zum Ausgangspunkt.
Einkehr: Bar in La Culata; Kiosk am Rastplatz Las Mesas (oft nur an Wochenenden geöffnet).
Unterkunft: Nach Anmeldung (→ Camping) gratis Zeltplätze in Las Mesas und Corral de los Juncos. Im Freizeitcamp Llanos del Garañón preiswerte Holzhütten.
Tourist-Info: Infopoint im Museo Abraham Cárdenes, C/ Leocadio Cabrera 3, 35360 Tejeda, Tel. 928/66 61 89.

15 Durch die Caldera de Tejedav

Etappen: Tejeda – Cruz de Timagada – La Culata – Tejeda

leicht

10 km

3 Std.

↑300 m
↓300 m

ja

Ausgangs-/Endpunkt: Ortszentrum von Tejeda.
Wanderkarten: Kompass-Wanderkarte 237 Gran Canaria, 1:50 000. Mapa de las Carreteras del Cabildo Insular, 1:65 000.
Markierung: An der Straße Hinweisschilder, Tafel an der Abzweigung, sonst keine.
Verkehrsanbindung: Die Buslinien 18 (Playa del Inglés – Cruz de Tejeda) und 305 (Las Palmas – San Mateo – Tejeda) verbinden die Küstenorte mehrmals täglich mit dem Ausgangspunkt. Mit dem Pkw am schnellsten ab Las Palmas über die GC 811 (42 km) oder ab Playa del Inglés durch das Tal von Fataga und über die GC 815/811 (45 km).
Einkehr: Bar in La Culata, Bars und Gasthäuser in Tejeda.
Unterkunft: Landhäuser, Pension und Herberge in Tejeda; Hotel am Cruz de Tejeda.
Tourist-Info: Infopoint im Museo Abraham Cárdenes, C/ Leocadio Cabrera 3, 35360 Tejeda, Tel. 928/66 61 89.

16 Rund um den Roque Nublo

Etappen: La Goleta – Roque Nublo – Degollada Blanca – La Goleta

leicht

5 km

2 Std.

↑220 m
↓220 m

ja

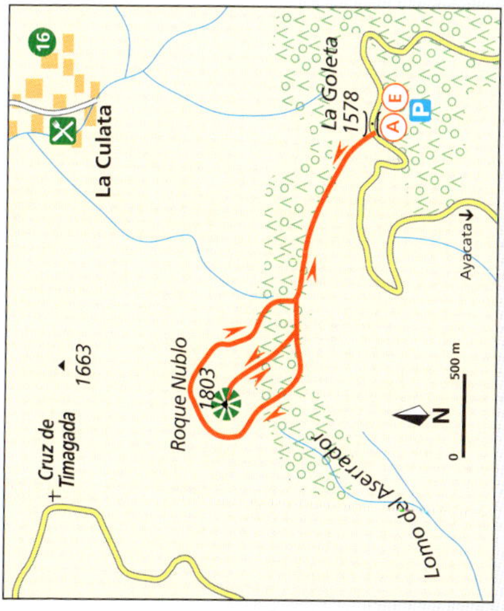

Ausgangs-/Endpunkt: La Goleta (1578 m), Passhöhe oberhalb des Weilers Ayacata.
Wanderkarte: Kompass-Wanderkarte 237 Gran Canaria, 1:50 000.
Markierung: Farbige Zeichen an Felsen und Steinen, ansonsten keine.
Verkehrsanbindung: Keine Busse. Mit dem Pkw in ca. 3 km ab Ayacata (Abzweigung zum Roque Nublo beschildert) auf die Passhöhe, begrenzte Parkmöglichkeiten. Über guten Camino Real auch zu Fuß in knapp 1 Std. von Ayacata (→ Tour 18).
Einkehr: Keine. In La Goleta meist mobiler Kiosk mit Getränken und kleinen Snacks.
Unterkunft: In der näheren Umgebung nur einfache Landhäuser, weitere Unterkünfte in Tejeda und allen Talorten.
Tourist-Info: Infopoint im Museo Abraham Cardenes, C/ Leocadio Cabrera 3, 35360 Tejeda, Tel. 928/66 61 89.

Wandern kompakt Gran Canaria
www.bruckmann.de

17 Vom Roque Bentayga nach El Carrizal

Etappen: Casas de Umbría – Roque Bentayga – El Carrizal – El Aserrador

anspr.

17 km

6 Std.

↑850 m
↓720 m

Ausgangspunkt: Casas de Umbría.
Endpunkt: El Aserrador.
Wanderkarten: Kompass-Wanderkarte 237 Gran Canaria, 1:50 000. Mapa de las Carreteras del Cabildo Insular, 1:65 000.
Markierung: An der Straße Hinweisschilder, sonst keine.
Verkehrsanbindung: Die Buslinie 18 verbindet Playa del Inglés mehrmals täglich mit dem Ausgangspunkt. Mit dem Pkw am schnellsten durchs Tal von Fataga und über die GC 815/811.
Einkehr: Bars in Casas de Umbría, El Carrizal und im Centro de Interpretación am Roque Bentayga.
Unterkunft: Landhäuser, Pension und Herberge in Tejeda.
Tourist-Info: Infopoint im Museo Abraham Cárdenes, C/Leocadio Cabrera 3, 35360 Tejeda, Tel. 928/66 61 89.

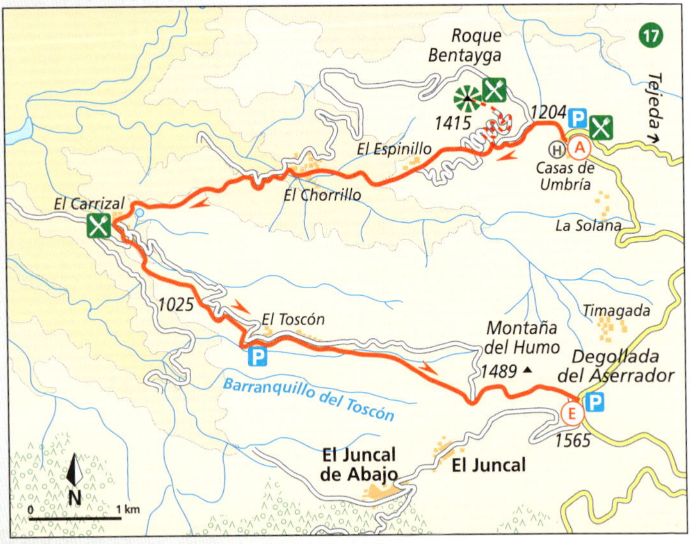

18 Von Ayacata nach Cruz Grande

Etappen: Ayacata – Llanos de Garañón – Los Hornos – Cruz Grande

mittel

9 km

3 Std.

↑450 m ↓500 m

Ausgangspunkt: Ayacata.
Endpunkt: Cruz Grande (1250 m).
Wanderkarten: Kompass-Wanderkarte 237 Gran Canaria, 1:50 000. Mapa de las Carreteras del Cabildo Insular, 1:65 000.
Markierung: Steinmännchen und weiße Markierungspunkte.
Verkehrsanbindung: Die Buslinie 18 verbindet die Küstenorte im Süden mehrmals täglich mit dem Ausgangspunkt. Mit dem Pkw am schnellsten ab Playa del Inglés durch das Tal von Fataga und über die GC 815/811.
Einkehr: Bars und Restaurants in Ayacata, unterwegs keine.
Unterkunft: Keine.
Tourist-Info: Centro Insular de Turismo, C.C. Yumbo, 35100 Playa del Inglés, Tel. 928/77 15 50.

Wandern kompakt Gran Canaria
www.bruckmann.de

19 Von Cruz Grande nach Soria

Etappen: Cruz Grande – El Dinero – El Sordo – Cercados de Araña – Soria

- mittel
- 16 km
- 4 Std.
- ↑50 m ↓700 m
- ja

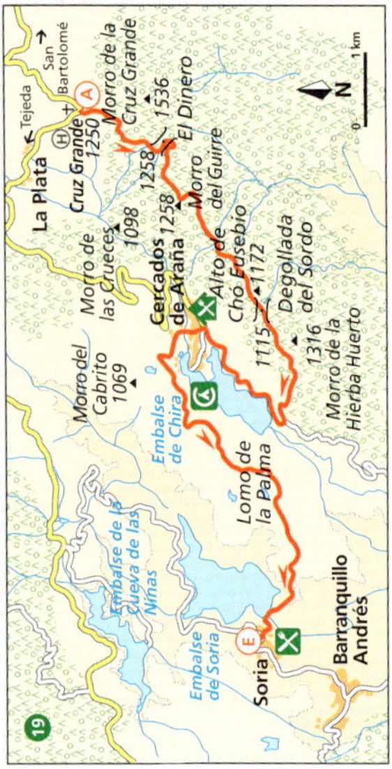

Ausgangspunkt: Cruz Grande (1250 m). Endpunkt: Soria.
Wanderkarten: Kompass-Wanderkarte 237 Gran Canaria, 1:50 000. Mapa de las Carreteras del Cabildo Insular, 1:65 000.
Markierung: An den Königswegen Steinmännchen und weiße Markierungspunkte.
Verkehrsanbindung: Die Buslinie 18 verbindet die Küstenorte im Süden mehrmals täglich mit dem Cruz Grande. Mit dem Pkw am schnellsten ab Playa del Inglés durch das Tal von Fataga und über die GC 815. Rückkehr von Soria nach Cruz Grande nur mit dem Taxi (vorherige Vereinbarung nötig), es gibt keinen Bus.
Einkehr: Bars in Cercados de Araña und Soria.
Unterkunft: Ferienanlage und Fincas in Cercados de Araña, Camping nach Voranmeldung am Chirastausee.
Tourist-Info: Centro Insular de Turismo, C.C. Yumbo, 35100 Playa del Inglés, Tel. 928/77 15 50.

20 Von Cruz Grande zum Pass Los Helechos

Etappen: Cruz Grande – El Sordo – Los Helechos – Cruz Grande

- mittel
- 26 km
- 7 Std.
- ↑350 m ↓350 m

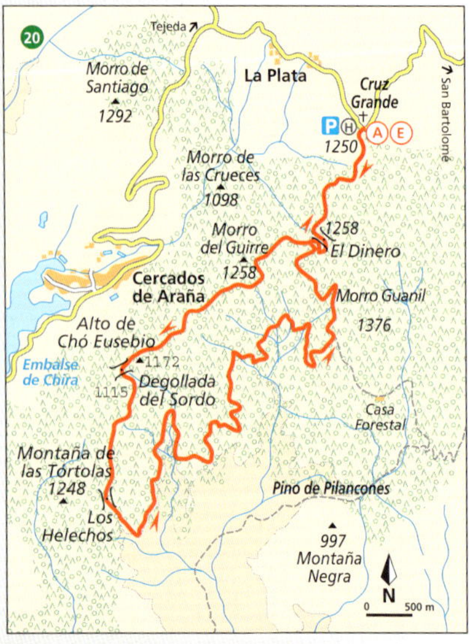

Ausgangs-/Endpunkt: Cruz Grande (1250 m).
Wanderkarten: Kompass-Wanderkarte 237 Gran Canaria, 1:50 000. Mapa de las Carreteras del Cabildo Insular, 1:65 000.
Markierung: An manchen Kreuzungspunkten Hinweistafeln des Naturparks Pilancones, sonst keine.
Verkehrsanbindung: Die Buslinie 18 pendelt mehrmals täglich zwischen den Küstenorten im Süden und dem Cruz Grande. Mit dem Pkw am schnellsten ab Playa del Inglés durch das Tal von Fataga und über die GC 815.
Einkehr: Keine.
Unterkunft: Pension und Hotel in San Bartolomé de Tirajana.
Tourist-Info: Centro Insular de Turismo, C.C. Yumbo, 35100 Playa del Inglés, Tel. 928/77 15 50.

21 Rundwanderung ab San Bartolomé

Etappen: San Bartolomé – La Manzanilla – Cruz Grande – San Bartolomé

mittel

14 km

4 Std.

↑370 m
↓370 m

ja

Ausgangs-/Endpunkt: San Bartolomé de Tirajana.
Wanderkarten: Kompass-Wanderkarte 237 Gran Canaria, 1:50 000. Mapa de las Carreteras del Cabildo Insular, 1:65 000.
Markierung: Straßenschilder, an manchen Kreuzungspunkten Hinweistafeln des Naturparks Pilancones, am Königsweg Steinmännchen.
Verkehrsanbindung: Die Buslinie 18 verbindet die Küstenorte im Süden mehrmals täglich mit San Bartolomé de Tirajana. Mit dem Pkw am schnellsten ab Playa del Inglés durch den Barranco de Fataga.
Einkehr: Bars in San Bartolomé de Tirajana.
Unterkunft: Pension und Hotel in San Bartolomé de Tirajana.
Tourist-Info: Centro Insular de Turismo, C.C. Yumbo, 35100 Playa del Inglés, Tel. 928/77 15 50.

22 Über den Pico de las Nieves

Etappen: Cruz Grande – Los Hornos – Pico de las Nieves – Santa Lucía

anspr.
19 km
6 Std.
↑700 m ↓1250 m

Ausgangspunkt: Cruz Grande (1250 m).
Endpunkt: Santa Lucía.
Wanderkarten: Kompass-Wanderkarte 237 Gran Canaria, 1:50 000. Mapa de las Carreteras del Cabildo Insular, 1:65 000.
Markierung: An den Königswegen Steinmännchen und weiße Markierungspunkte.
Verkehrsanbindung: Buslinie 18 mehrmals täglich zwischen den Küstenorten im Süden und dem Cruz Grande. Mit dem Pkw am schnellsten ab Playa del Inglés durch das Tal von Fataga und über die GC 815. Die Rückkehr von Santa Lucía nach Cruz Grande mit der Buslinie 34 bis San Bartolomé de Tirajana und weiter mit der Linie 18.
Einkehr: Bars in San Bartolomé de Tirajana, Imbissstand am Mirador Pico de las Nieves, Bars und Restaurants in Santa Lucia.
Unterkunft: Pension und Hotel in San Bartolomé de Tirajana.
Tourist-Info: Centro Insular de Turismo, C.C. Yumbo, 35100 Playa del Inglés, Tel. 928/77 15 50.

23 Durch die Caldera de Ayagaures

Etappen: Ayagaures – Presa de Gambuesa – Pino Gordo de Pilancones – Ayagaures

mittel

18 km

5 Std.

↑670 m
↓670 m

Ausgangs-/Endpunkt: Ayagaures.
Wanderkarten: Kompass-Wanderkarte 237 Gran Canaria, 1:50 000. Mapa de las Carreteras del Cabildo Insular, 1:65 000.
Markierung: Keine.
Verkehrsanbindung: Nächste Bushaltestelle beim Palmitos Park. Von hier zu Fuß in ca. 1:15 Std. zum Ausgangspunkt. Mit dem Pkw auf sehr schmaler, aber durchgehend asphaltierter Straße ab Maspalomas. Gute Parkmöglichkeiten nahe der Kirche.
Einkehr: Bar in Ayagaures, unterwegs keine.
Unterkunft: Sehr einfache Herberge in Ayagaures.
Tourist-Info: Centro Insular de Turismo, C.C. Yumbo, 35100 Playa del Inglés, Tel. 928/77 15 50.

24 Rund um den Inagua

Etappen: La Aldea – El Laurelillo – Las Brujas – La Aldea

mittel

14 km

5 Std.

↑600 m
↓600 m

Ausgangs-/Endpunkt: La Aldea (642 m).
Wanderkarten: Kompass-Wanderkarte 237 Gran Canaria, 1:50 000. Mapa de las Carreteras del Cabildo Insular, 1:65 000.
Markierung: Hinweisschilder zum Reserva Natural Integral Inagua, sonst keine.
Verkehrsanbindung: Mit der Buslinie 38 (Las Palmas – San Nicolás). Mit dem Pkw auf der GC 810, die San Nicolás mit Mogán verbindet. Parkplatz am Ausgangspunkt.
Einkehr: Bar am Ausgangspunkt, unterwegs keine.
Unterkunft: Privatzimmer, Pensionen und einfaches Hotel in San Nicolás.
Tourist-Info: Centro Insular de Turismo, C.C. Yumbo, 35100 Playa del Inglés, Tel. 928/77 15 50. Informationspavillon der Gemeinde Mogán in Puerto Rico, Tel. 928/56 00 29.

Wandern kompakt Gran Canaria
www.bruckmann.de

25 Auf die Llanos del Guirre

Etappen: El Cercado – Paso de los Laderones – Llanos del Guirre – Mogán

mittel
15 km
5 Std.
↑1050 m ↓1050 m

Ausgangspunkt: Weiler El Cercado.
Endpunkt: Mogán.
Wanderkarten: Kompass-Wanderkarte 237 Gran Canaria, 1:50 000. Mapa de las Carreteras del Cabildo Insular, 1:65 000.
Markierung: Steinmännchen und weiße Markierungspunkte und -pfeile.
Verkehrsanbindung: Buslinien 38 (Las Palmas – San Nicolás) und 84 (Mogán – Puerto de Mogán) regelmäßig zwischen El Cercado und Mogán. Mit dem Pkw über die Küstenstraße GC 812 nach Puerto de Mogán und 2 km auf der GC 810 ins Landesinnere.
Einkehr: Bars und Restaurants in Mogán, unterwegs keine.
Unterkunft: Ferienanlage und Privatzimmer in Mogán, Hotel und Appartements in Puerto de Mogán.
Tourist-Info: Centro Insular de Turismo, C.C. Yumbo, 35100 Playa del Inglés, Tel. 928/77 15 50. Informationspavillon der Gemeinde Mogán in Puerto Rico, Tel. 928/56 00 29.

26 Auf die Montaña de Tauro

Etappen: Tauropass – Montaña Vista de Soria – Montaña de Tauro – Tauropass

mittel
5 km
2 Std.
↑300 m ↓300 m

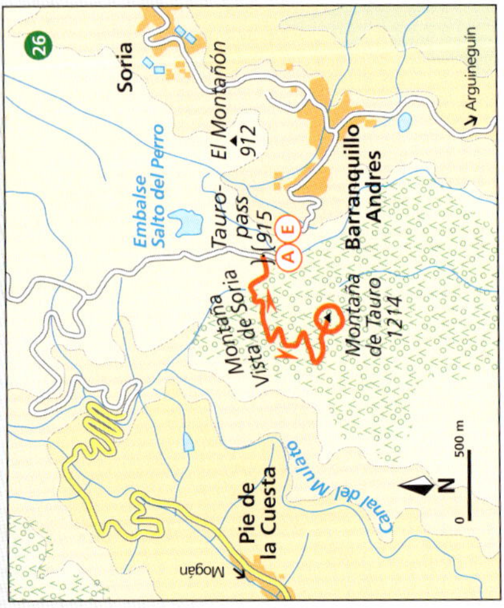

Ausgangs-/Endpunkt: Tauropass (915 m).
Wanderkarten: Kompass-Wanderkarte 237 Gran Canaria, 1:50 000. Mapa de las Carreteras del Cabildo Insular, 1:65 000.
Markierung: Keine.
Verkehrsanbindung: Keine Busse. Mit dem Taxi von Arguineguín oder Mogán (Abholung vereinbaren). Mit dem Pkw von der Küste den Barranco de Arguineguín 20 km ins Landesinnere hinauf. Bei El Barranquillo Andrés links in Richtung Mogán/Ayacata. Nach gut 3 km Passhöhe. Ca. 100 m weiter kleine Parkausbuchtung.
Einkehr: Keine.
Unterkunft: Nächste Unterkünfte in Mogán und Arguineguín.
Tourist-Info: Centro Insular de Turismo, C.C. Yumbo, 35100 Playa del Inglés, Tel. 928/77 15 50. Informationspavillon der Gemeinde Mogán in Puerto Rico, Tel. 928/56 00 29.

27 Zur Playa de Veneguera

Etappen: Veneguera – Playa de Veneguera – Puerto de Mogán

mittel

24 km

6 Std.

↑250 m ↓500 m

Ausgangspunkt: Las Casas de Veneguera.
Endpunkt: Puerto de Mogán.
Wanderkarten: Kompass-Wanderkarte 237 Gran Canaria, 1:50 000. Mapa de las Carreteras del Cabildo Insular, 1:65 000.
Markierung: Keine.
Verkehrsanbindung: Buslinie 38 Las Palmas – San Nicolás. Alternative bei der Rückfahrt von Puerto de Mogán: die Fähre nach Puerto Rico und Arguineguín. Mit dem Pkw auf der GC 810, die San Nicolás mit Mogán verbindet. Parkmöglichkeiten am Ausgangspunkt. Von Puerto de Mogán nach Las Casas de Veneguera wieder Bus 38.
Einkehr: Bar in Las Casas de Veneguera, Bars und Restaurants in Puerto de Mogán.
Unterkunft: Hotel und Appartements in Puerto de Mogán.
Tourist-Info: Centro Insular de Turismo, C.C. Yumbo, 35100 Playa del Inglés, Tel. 928/77 15 50. Informationspavillon der Gemeinde Mogán in Puerto Rico, Tel. 928/56 00 29.

Wandern kompakt Gran Canaria
www.bruckmann.de

28 Zur Caldera de los Marteles

Etappen: Montaña de las Tierras – Caldera de los Marteles – Montaña de las Tierras

mittel

15 km

5 Std.

↑670 m
↓670 m

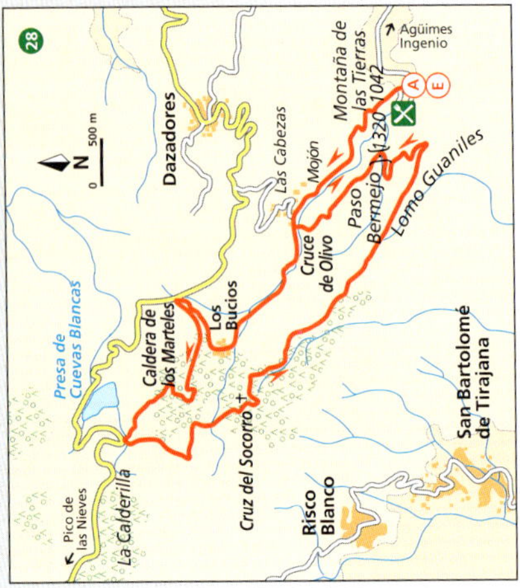

Ausgangs-/Endpunkt: Montaña de las Tierras.
Wanderkarten: Kompass-Wanderkarte 237 Gran Canaria, 1:50 000. Mapa de las Carreteras del Cabildo Insular, 1:65 000.
Markierung: Keine.
Verkehrsanbindung: Schlechte Busverbindung. Linie 27 von Agüimes bis zur Montaña de las Tierras nur einmal am Morgen; Rückfahrt allenfalls mit dem Taxi. Mit dem Pkw von Ingenio und Agüimes auf ausgeschilderten Zufahrtsstraßen.
Einkehr: Restaurants in der Montaña de las Tierras, unterwegs keine.
Unterkunft: Landhotel und Fincas in Agüimes.
Tourist-Info: Patronato de Turismo, León y Castillo 17, 35003 Las Palmas, Tel. 928/21 96 00. Turismo Rural de Agüimes S.L., Apdo. de Correos 166, 35260 Agüimes, Tel. 928/12 41 83.

29 Zur Montaña de las Tierras

Etappen: Cuevas Bermejas – Cañada de la Cruz – Montaña de las Tierras

anpr.

9 km

3 Std.

↑750 m
↓270 m

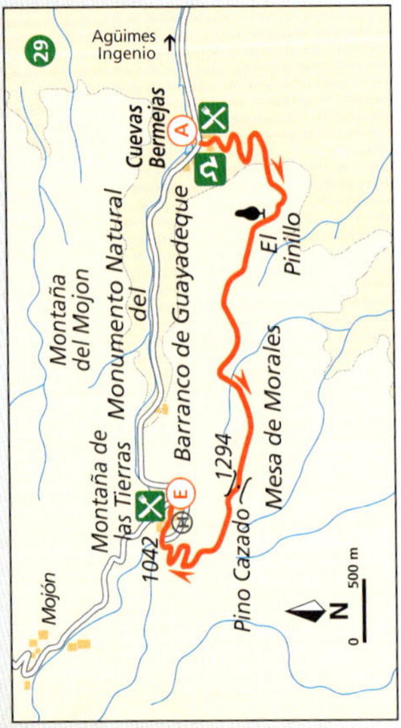

Ausgangspunkt: Cuevas Bermejas.
Endpunkt: Montaña de las Tierras (1042 m).
Wanderkarten: Kompass-Wanderkarte 237 Gran Canaria, 1:50 000. Mapa de las Carreteras del Cabildo Insular, 1:65 000.
Markierung: Hinweisschild der Umweltbehörde, Steinmännchen.
Verkehrsanbindung: Schlechte Busverbindung. Linie 27 von Agüimes bis zur Montaña de las Tierras nur einmal am Morgen; Rückfahrt allenfalls mit dem Taxi. Mit dem Pkw von Ingenio und Agüimes auf ausgeschilderten Zufahrtsstraßen.
Einkehr: Restaurants in der Montaña de las Tierras, Bar und Restaurant in Cuevas Bermejas, unterwegs keine.
Unterkunft: Landhotel und Fincas in Agüimes.
Tourist-Info: Patronato de Turismo, León y Castillo 17, 35003 Las Palmas, Tel. 928/21 96 00. Turismo Rural de Agüimes S.L., Apdo. de Correos 166, 35260 Agüimes, Tel. 928/12 41 83.

30 Von Arteara nach San Bartolomé

Etappen: Arteara – El Gigante – Vista Fataga – San Bartolomé

anspr.
15 km
5 Std.
↑840 m
↓300 m

Ausgangspunkt: Kamelstation Baranda in Arteara.
Endpunkt: San Bartolomé de Tirajana.
Wanderkarten: Kompass-Wanderkarte 237 Gran Canaria, 1:50 000. Mapa de las Carreteras del Cabildo Insular, 1:65 000.
Markierung: Schilder der Umweltbehörde und der Gemeindeverwaltung.
Verkehrsanbindung: Die Buslinie 18 (Playa del Inglés – Cruz de Tejeda) hält an der Landstraße oberhalb der Kamelstation. Mit dem Pkw ab Playa del Inglés durch den Barranco de Fataga. Ausreichend Parkmöglichkeiten. Von San Bartolomé mit der Linie 18 wieder zum Ausgangspunkt.
Einkehr: Lokal in der Kamelstation, Bars in San Bartolomé, unterwegs keine.
Unterkunft: Pension und Hotel in San Bartolomé de Tirajana, Landhotel in Fataga.
Tourist-Info: Centro Insular de Turismo, C.C. Yumbo, 35100 Playa del Inglés, Tel. 928/77 15 50.

31 Rundwanderung im Barranco de Palmito

Etappen: Los Palmitos – Las Casillas – Lomo de Palmito – Los Palmitos

mittel

10 km

3 Std.

↑450 m
↓450 m

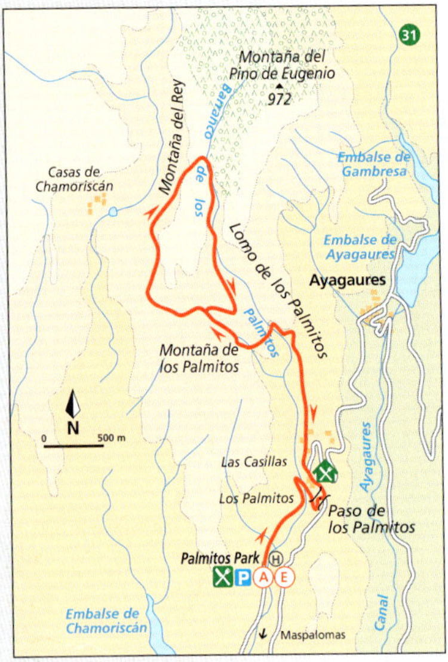

Ausgangs-/Endpunkt: Los Palmitos beim Eingang zum Park.
Wanderkarten: Kompass-Wanderkarte 237 Gran Canaria, 1:50 000. Mapa de las Carreteras del Cabildo Insular, 1:65 000.
Markierung: Teilweise Steinmännchen.
Verkehrsanbindung: Buslinien 45 und 70 alle 15–30 Min. von der Südküste zum Palmitos Park. Mit dem Pkw ab Maspalomas den Hinweisschildern zum Palmitos Park folgen. Hier großer Parkplatz.
Einkehr: Kiosk am Parkeingang, Café im Hotel Helga Masthoff in Los Palmitos.
Unterkunft: Sport- und Tennishotel Helga Masthoff, Unterkünfte aller Art in Maspalomas.
Tourist-Info: Centro Insular de Turismo, C.C. Yumbo, 35100 Playa del Inglés, Tel. 928/77 15 50.

32 Von Arteara zum Palmitos-Park

Etappen: Arteara – Embalse de Ayagaures – Los Palmitos

mittel

19 km

5 Std.

↑200 m
↓140 m

ja

Ausgangspunkt: Arteara.
Endpunkt: Los Palmitos beim Eingang zum Park.
Wanderkarten: Gran Canaria South, Discovery Walking Guides Ltd., 1:25 000. Mapa de las Carreteras del Cabildo Insular, 1:65 000.
Markierung: Straßenschilder und Steinmännchen.
Verkehrsanbindung: Buslinie 18 (Playa del Inglés – Cruz de Tejeda) hält an der Landstraße in Arteara. Mit dem Pkw ab Playa del Inglés durch den Barranco de Fataga. Ausreichend Parkmöglichkeiten. Buslinien 45 und 70 alle 15–30 Min. vom Palmitos Park zur Südküste. Von hier Linie 18 zurück zum Ausgangspunkt.
Einkehr: Bars in Arteara und Ayagaures, Café im Hotel Helga Masthoff in Los Palmitos, Kiosk am Parkeingang.
Unterkunft: Einfache Herberge in Ayagaures, Sport- und Tennishotel Helga Masthoff.
Tourist-Info: Centro Insular de Turismo, C.C. Yumbo, 35100 Playa del Inglés, Tel. 928/77 15 50.

33 Durch den Barranco de Fataga

Etappen: Playa del Inglés – Barranco de Fataga – Gítagana – Arteara

leicht

13 km

4 Std.

↑350 m ↓70 m

ja

Ausgangspunkt: Nördlicher Ortsrand von Playa del Inglés, an der Straße nach Fataga.
Endpunkt: Arteara.
Wanderkarten: Gran Canaria South, Discovery Walking Guides Ltd., 1:25 000. Mapa de las Carreteras del Cabildo Insular, 1:65 000.
Markierung: Straßenschilder, sonst keine.
Verkehrsanbindung: Buslinie 18 (Playa del Inglés – Cruz de Tejeda) hält an der Werkstatt »Taller Bolaños« an der Straße nach Fataga. Mit dem Pkw in Playa del Inglés den Hinweisschildern Richtung Fataga und San Bartolomé folgen. Von Arteara mit Linie 18 zurück.
Einkehr: Bars und Restaurants am Ausgangspunkt, Bars in Arteara, unterwegs keine.
Unterkunft: Unterkunftsmöglichkeiten aller Art in Playa del Inglés, Landhotel in Fataga.
Tourist-Info: Centro Insular de Turismo, C.C. Yumbo, 35100 Playa del Inglés, Tel. 928/77 15 50.

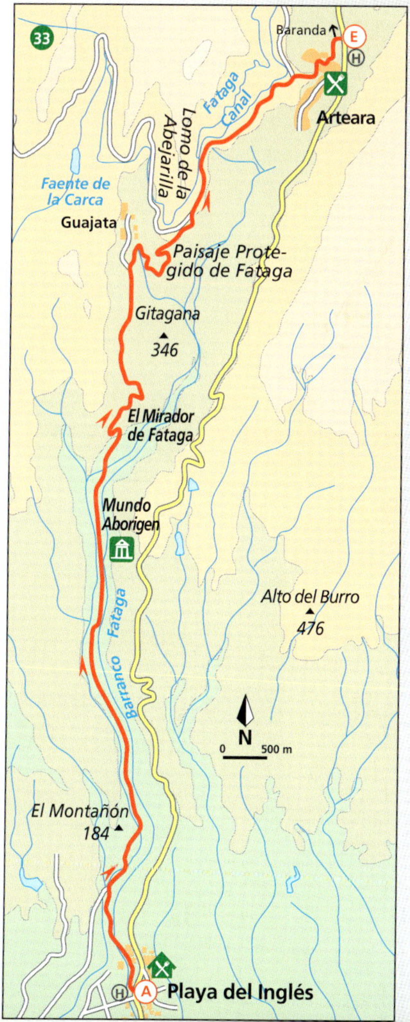

34 Von San Agustín nach Maspalomas

Etappen: San Agustín – Playa del Inglés – Maspalomas

leicht
7 km
2 Std.
↑0 m ↓30 m
ja

Ausgangspunkt: Zentrum von San Agustín.
Endpunkt: Leuchtturm von Maspalomas.
Wanderkarten: Gran Canaria South, Discovery Walking Guides Ltd., 1:25 000. Mapa de las Carreteras del Cabildo Insular, 1:65 000.
Markierung: Straßenschilder und andere Wegweiser.
Verkehrsanbindung: San Agustín liegt an der Route aller Buslinien von Las Palmas an die Costa Canaria. Mit dem Pkw auf der GC 1 bis zur Ausfahrt Tarajalillo/San Agustín und auf der GC 812 ins Ortszentrum. Wenig Parkplätze. Von Maspalomas fahren die oben genannten Linien zurück zum Ausgangspunkt.
Einkehr: Einkehrmöglichkeiten aller Art in den Küstenorten. Am Strand einfache Bars.
Unterkunft: Unterkunftsmöglichkeiten aller Art in San Agustín, Playa del Inglés und Maspalomas.
Tourist-Info: Centro Insular de Turismo, C.C. Yumbo, 35100 Playa del Inglés, Tel. 928/77 15 50.

35 Durch die Dunas de Maspalomas

Etappen: Playa del Inglés - Maspalomas – El Gavioto – Playa del Inglés

leicht
6 km
2 Std.
↑0 m ↓0 m
ja

Ausgangs-/Endpunkt: Hotel »RIU Palace« in Playa del Inglés.
Wanderkarten: Gran Canaria South, Discovery Walking Guides Ltd., 1:25 000. Mapa de las Carreteras del Cabildo Insular, 1:65 000.
Markierung: Wegweiser und Pfosten mit farbiger Markierung an den zugelassenen Pfaden durchs Naturschutzgebiet.
Verkehrsanbindung: Playa del Inglés liegt an der Route aller Buslinien von Las Palmas an die Costa Canaria. Mit dem Pkw auf der GC 1 bis zur Ausfahrt Las Burras/Playa del Inglés und auf der GC 812 ins Ortszentrum. Wenig Parkplätze.
Einkehr: Einkehrmöglichkeiten aller Art in Playa del Inglés und Maspalomas. Am Strand einfache Bars.
Unterkunft: Unterkunftsmöglichkeiten aller Art in Playa del Inglés und Maspalomas.
Tourist-Info: Centro Insular de Turismo, C.C. Yumbo, 35100 Playa del Inglés, Tel. 928/77 15 50.